U0466198

刘君祖 著

系辞传
全译全解

华夏道善人与经典文库

华夏出版社
HUAXIA PUBLISHING HOUSE

图书在版编目（CIP）数据

系辞传全译全解/刘君祖著.--北京：华夏出版社有限公司，2024.1
ISBN 978-7-5222-0509-0（2025.6重印）

Ⅰ．①系⋯ Ⅱ．①刘⋯ Ⅲ．①《周易》—研究 Ⅳ．① B221.5

中国国家版本馆CIP数据核字（2023）第 074354 号

系辞传全译全解

作　　者	刘君祖
责任编辑	黄　欣
责任印制	周　然

出版发行	华夏出版社有限公司
经　　销	新华书店
印　　装	三河市少明印务有限公司
版　　次	2024 年 1 月北京第 1 版 2025 年 6 月北京第 2 次印刷
开　　本	710mm×1000mm　1/16 开
印　　张	14
字　　数	195 千字
定　　价	59.00 元

华夏出版社有限公司　　地址：北京市东直门外香河园北里4号　邮编：100028
网址：www.hxph.com.cn　　电话：（010）64618981
若发现本版图书有印装质量问题，请与我社联系调换。

自序 十年乃字

《系辞传全译全解》终于要出书了！从发心到初稿完成，迄今已十年之久，中间翻修润饰过几次，一直没有急于安排出版。并非刻意矫情，而是岁月忽忽，似乎每个阶段总有当务之急，竭诚因应之后，一波未平恒是一波又起，就这样推迟下来。这回决心要干，将原先钢笔楷书的旧稿键入计算机，再做最后一遍修改，终算定稿，交予北京朋友出书。大陆这些年对中华传统文化探求日殷，假以时日，文化 GDP 之成长亦当可观，我也乐于在其间略尽心力，这也是本书先以简体字出版的缘由。

俗云"十年磨一剑"，淬炼砥砺，期非凡品。《易经》屯卦，外坎险，内震动，象征草莽初创，动乎险中大亨贞。二爻爻辞称："屯如邅如，乘马班如，匪寇婚媾。女子贞不字，十年乃字。"美满姻缘静待十年才成熟，创生之难，于此可见。本书研究成果，期望对中华易学有所贡献。

《系辞传》为《易经》的《易传》之一，分上下传各十二章，共四千多字，文辞优美，意境高深，自古为研《易》者所尊崇。全传阐扬《易经》基本理念，说明卦爻创作缘由，赞叹通《易》之后功效之宏大深广，且对神机妙算的易占亦有精彩专论，可谓面面俱到。其中三章引用孔子读《易》心得，发挥十九个爻的深湛义理，更是再好不过的经典诠释。

习《易》不读《系辞传》，不知易理"宗庙之美，百官之富"。我自青年学《易》以来，三十多年里，先后完成多种易学著作与论述,全经卦爻及其他重要《易传》都解释过至少一遍,就只《系辞传》还欠梳理。借此机缘完成夙愿,一抒怀抱,也是人生快事。

谢谢多年易学师友的提携鼓励,愿以此书与天下各方之读者朋友共。

目　录

系辞传上

第一章　汝闻天籁乎——易简以成 / 003
　　　　作乐崇德 / 004
　　　　人文化成 / 007
　　　　安身致用 / 011

第二章　可以无大过矣——观象玩辞 / 012
　　　　独立不惧 / 013
　　　　三极之道 / 014
　　　　深造自得 / 016

第三章　恐惧修省——各指其所之 / 019
　　　　补过无咎 / 020
　　　　小大贵贱 / 021

第四章　至大无外——曲成万物而不遗 / 023
　　　　鬼变机神 / 024
　　　　格物致知 / 027
　　　　天人性命 / 030

　　　　斯土斯民 / 033

　　　　功参造化 / 035

第五章　永续不息——生生之谓易 / 038

　　　　继善成性 / 039

　　　　显仁藏用 / 040

　　　　富有日新 / 042

　　　　生生不息 / 045

　　　　极数知来 / 047

第六章　无远弗届 / 051

　　　　致虚守静 / 051

　　　　生生之门 / 053

第七章　究竟涅槃 / 056

　　　　天高地厚 / 056

　　　　功德圆满 / 058

第八章　敬慎不败 / 061

　　　　拟议成变 / 064

　　　　人道精神 / 065

　　　　出生入死 / 067

　　　　谨言慎行 / 068

第九章　神机妙算 / 071

　　　　天地大衍 / 072

　　　　爻变卦变 / 074

　　　　引申触类 / 076

第十章　通志成务 / 078

　　　　心向往之 / 079

　　　　受命如向 / 080

　　　　参伍错综 / 082

　　　　感而遂通 / 083

第十一章　开物成务 / 086

　　　　知来藏往 / 088

　　　　神道设教 / 091

　　　　制器尚象 / 095

　　　　改一为元 / 096

　　　　天爵自贵 / 099

第十二章　明道若昧 / 103

　　　　尽善尽美 / 105

　　　　不言之教 / 107

　　　　必诚其意 / 109

　　　　道器一贯 / 112

系辞传下

第一章　其匪正有眚 / 117

　　　　因革损益 / 118

　　　　贞胜吉凶 / 120

　　　　建功立业 / 121

　　　　正位凝命 / 122

第二章　制器尚象 / 126

　　　　通德类情 / 128

　　　　身体空间 / 131

     韬光养晦 / 133

     归根复命 / 135

     网际人生 / 137

     食货政治 / 138

     交通国防 / 140

     安居乐业 / 142

     信息永存 / 144

     继往开来 / 146

 第三章 万法皆象 / 149

 第四章 统之有宗 / 151

 第五章 远离颠倒梦想 / 153

     并行不悖 / 157

     赦过宥罪 / 159

     万夫之望 / 160

     正法修行 / 162

 第六章 深切著明 / 165

     大道之门 / 166

     称名察类 / 167

     鉴往知来 / 168

     相反相成 / 171

 第七章 拨乱反正 / 173

     生于忧患 / 174

     进德修业 / 175

     慎思明辨 / 177

     下学上达 / 181

第八章　唯变所适 / 185
　　　　诸行无常 / 186
　　　　恐惧修省 / 187
　　　　存乎其人 / 189

第九章　同功而异位 / 191
　　　　原始要终 / 192
　　　　杂物撰德 / 193
　　　　柔危刚胜 / 195
　　　　佐君治民 / 197

第十章　大块文章 / 199

第十一章　度一切苦厄 / 202

第十二章　险阻人生 / 205
　　　　悦心研候 / 206
　　　　参赞化育 / 209
　　　　顺性纯情 / 211

系辞传上

第一章　汝闻天籁乎——易简以成

天尊地卑，乾坤定矣。卑高以陈，贵贱位矣。动静有常，刚柔断矣。方以类聚，物以群分，吉凶生矣。在天成象，在地成形，变化见矣。是故刚柔相摩，八卦相荡，鼓之以雷霆，润之以风雨，日月运行，一寒一暑，乾道成男，坤道成女。

乾知大始，坤作成物。乾以易知，坤以简能。易则易知，简则易从；易知则有亲，易从则有功；有亲则可久，有功则可大；可久则贤人之德，可大则贤人之业。易简而天下之理得矣！天下之理得，而成位乎其中矣！

译文：

天高远在上，地低近在下，乾卦象天，坤卦象地，确定了自然界的格局。万物由低到高排列，一卦六爻即象征从基层到高层的不同位置。万物或动或静，都有其恒常的道理，六爻或阳刚或阴柔，借此可判断其行止。事物分为好多类别，同类的自然聚集在一起，趋向不同的结成各个群组，相互间的合作或敌对就产生了成败与吉凶。在天上有日月星辰照耀，在地上有山陆河海具体成形，显现出种种变化。乾卦阳刚与坤卦阴柔贴近接触，交合生出震、巽、坎、离、艮、兑六卦，而后八卦与八卦遥相感应，形成更丰富的六十四卦的变化。雷鸣电闪风吹雨打，昼夜日月更迭，四季寒暑交替，乾道形成雄性、男性，坤道形成雌性、女性。

乾象征宇宙万象的创始，有觉识明照的大能，坤顺势而动，便凝结发展成天地万物。自然宇宙形成后，物种继续演化，不断推陈出新，我们虚心探讨，可化繁为简，以简驭繁，进而建立知识，发为行动。真理平易可亲，奉行即能成就。可亲自然持久，成就不可限量。持久能成贤人之德，成就伟大事业。恪守易简的方法态度，确可得知天下事物之理，知理透彻后依中道而行，必有大成。

作乐崇德

1998年仲夏，我带领二十多人赴大陆作"《易经》溯源之旅"，到河南郑州时，去参观了新开张不久的河南博物院。那是栋仿古登封观星台造型的建筑，楼下大厅壁画前有两头巨象的雕塑，中间一人坦然而立，双手往两边推出，止住了两象的怒目相持。

按院方的解释，河南古称豫州，多大象，为黄河流域文化的中原之地。以一人推开二象，正是力辟草莱、建设文明之意。雕像通体漆金，象征中原文化的光辉灿烂。

"豫"字本即大象之意，《说文解字》释云："不害于物。"象为草食性动物，体躯虽大，只做正当防卫，不会凶猛地主动攻击，所以"豫"字引申有预防之意。《老子》有云："豫兮若冬涉川，犹兮若畏四邻。"巨象过结冰之河，深恐陷落，自然心生犹豫，多方试探，步步为营。"豫"字又有预料、预测之意。人师法自然，凡事预先盘算，早做万全准备，多能趋吉避凶，安享和乐，"豫"又成了赏心乐事。

《易经》排序第十六的豫卦，以上诸义俱备。卦辞称："利建侯行师。"强调组织布建、思患预防的重要。动员群众，贵乎一心，鼓舞斗志，才能塑造众乐乐的境界。英文版的《易经》，多将豫卦译成 Enthusiasm，群众运动的狂热每因憧憬未来而生，真是传神之至。豫卦上震下坤，有动乎地上之象，刚好又与巨象的本意相合。

煽动群众少不了音乐。豫卦《大象传》云："雷出地奋，豫。先王以作乐崇德，殷荐之上帝，以配祖考。"敬天祭祖，确立人生的奋斗目标，慷慨激昂之余，往往义无反顾。

中国的音乐理论为何？传统重视的礼乐教化又有何精义？六经中空有《乐经》之名，其实早亡。倒是《礼记》中还有《乐记》一篇，可供后学追考。"凡音之起，由人心生也。""声音之道，与政通矣。"都是极具特色的卓越见解。

> 天尊地卑，君臣定矣。卑高以陈，贵贱位矣。动静有常，小大殊矣。方以类聚，物以群分，则性命不同矣。在天成象，在地成形，如此则礼者天地之别也。
>
> 地气上齐，天气下降，阴阳相摩，天地相荡，鼓之以雷霆，奋之以风雨，动之以四时，暖之以日月，而百化兴焉，如此则乐者天地之和也。

这两段对礼乐的诠释，明显与《系辞传》首章有关，不管谁抄谁，必然属于同一思想体系。由"天尊地卑"推出"乾坤定矣"，已显粗糙；断言"君臣定矣"，更是腐朽愚陋之至！人为的尊贵卑贱一旦涉入对自然的理解，必然扭曲造作，远离真实。《易经》以革卦彰显革命大义，在论述人事为主的下经中独具"元、亨、利、贞"四德，又称"天地革而四时成"，绝没有定于一尊、不思改造之理。《系辞传下》第八章有云："变动不居，周流六虚，上下无常，刚柔相易，不可为典要，唯变所适。"乾卦《文言传》亦称："上下无常……进退无恒。"又云："乾道乃革。"这种活泼透达的思维，怎会主张"乾坤定矣"呢？

《说卦传》在论述所谓先天八卦时，称"天地定位"，而《系辞传》

末章及第七章皆云："天地设位。"《系辞传》的作者显然悟道更深。"设"有假设、暂时认定之意，并非永恒不变，大劫一至，天旋地转或天崩地裂，照样有此可能。天地尚且如此，人为的君臣关系就更不必说了。

因此，《系辞传》首章从"天尊地卑"到"坤道成女"这段文字，实大有问题。以文气论，和后半段也衔接不上，意境更相去甚远。本章为《系辞传》开宗明义，必须正本清源，将前段完全删去，直接从"乾知大始"起，至"成位乎其中矣"终。至于何以有此一段，多半和《易经》的学派之争有关。拥护君主专制的，为了压抑《易经》中澎湃汹涌的革命思潮，一旦掌权，为求媚于上，便会在首章中动手脚，这在经学史上屡见不鲜。

首段宗旨虽不可取，仍有些观念值得分析，如"方以类聚，物以群分"八字，确为理解天象人事的重要准则。俗云"物以类聚"，宇宙间所有的资源可依其共通性而分类，化繁为简，以简御繁，从而建立知识，产生行动。不同类、不同群间的互动，即易激荡而生争执，吉凶祸福、成败得失，便由此而来。"方"指地方、域限，所谓"一方水土养一方人"，风土人情有其不同属性，人际相处必须深切体悟，善自调和，否则必生抵牾。同人卦欲通天下之志，《大象传》称"类族辨物"；未济卦避免失败，强调"慎辨物居方"，皆为此理。

以字源论，"类"字取义于犬，"物"字取义于牛，"群"字则与羊有关，动象纷呈，含义很深。方、物、类、群、聚、分，都是《易经》中重要的关键词，不可忽忽看过。

"在天成象，在地成形"，形和象还有分别。山河峙立大地奔流，各有其形，相当具体。日月星辰距离太远，虽触目成象，其真实情境就很难说了。《系辞传下》第三章有云："是故《易》者，象也；象也者，像也。"《易经》重视象，从卦象、爻象中推衍出许多深刻的哲理，并不拘泥于形。象的创意和可能性，远大于形。

"刚柔相摩，八卦相荡"，相摩是贴近的接触，相荡则可遥相感应，由此生出形形色色的变化。

人文化成

"乾知大始，坤作成物"，《系辞传》首章从此开始，才是直贯本源之论。前面"天尊地卑"那一大段浮辞，像是在叙述自然宇宙的演化，既不精确，也欠简练。乾卦《彖传》云："大哉乾元，万物资始，乃统天。"乾元为创生一切存在的本源，天地万物皆包含在内。"知"有觉识、明照之意，但非一般所谓的知识或智能，而是自然而然的生机和道理。依据"乾知大始"的客观真理，顺势而动便凝结发展成天地万物，这便是"坤作成物"。

"乾以易知，坤以简能"，自然宇宙形成后，物种继续演化，不断推陈出新，以彰显其机势和大能。易有变易、不易、简易三义，《系辞传上》第五章又云："生生之谓易。"《系辞传下》第三章则称："是故《易》者，象也。"总括来说，易即生生之象，虽千变万化，仍有其永恒不变的自然法则。人类若能去其嗜欲私心，虚怀体察宇宙的奥秘，必可化繁为简，以简御繁，进而建立知识，发为行动。

"能"字意义甚深。依《说文解字》的解释，"能"为似熊的动物，冬眠时会先爬到树上，故意摔下来，以增加筋骨的柔软度，直到爬不动，才进山洞。这种习性很像柔道的操练，习气功和导引术的，亦有"熊经鸟伸"之称。坤的特性本在顺势用柔，能屈能伸，以能配坤、以知配乾，相当合宜。

"易则易知，简则易从"，这就是易简的好处，真正的大道必可深入浅出，与人为善。往下的文句一气呵成，辞意显豁，都在讲人师法自然以修行的步骤。有亲有功，可久可大，最后终于成就贤人的德业。"易简而天下之理得矣！天下之理得，而成位乎其中矣！"这是本章的结论。习《易》贵乎得理，得理尚非人生的究竟，"成位乎其中"才是正果。"成"意指什么？"中"又是什么意思？

以《系辞传》本身来考虑，"成"字用得极多，关涉的意义也极重大。

除本章前述的成物外，还有成性、成能、成器、成务、成卦、成易、成变化、成天地之文、成天下之亹亹者。《系辞传上》末章且云："神而明之，存乎其人；默而成之，不言而信，存乎德行。"显然和本章首尾呼应，以"成"作为人生修行的极境。"神而明之"在乎人的努力，何谓神？何谓明？

《说卦传》云："神也者，妙万物而为言者也。"《系辞传》又称："阴阳不测之谓神。"自然界奥妙无比、千变万化的作用就是神。《易经》以离卦作为人类文明的象征，其《大象传》云："明两作，离。大人以继明照于四方。"人类在自然界中所创制建构的人文世界，辉煌灿烂，代代相传，即称为"明"。"神"即天道，"明"即人道，人道取法天道，功参造化，便是神而明之。

人的这种创造力从何而来？"明"的根源何在？乾卦《彖传》早有说明："大明终始，六位时成。"宇宙创生时就已涵摄这种觉识明照的机能，随着生命的出现，物种的繁衍，至人类而达于极盛。《易经》一卦六爻，象征始壮究、始壮究终而复始的创化历程，"明"即有终始之义。乾为上经第一卦，离为上经最后一卦，首尾遥遥相应，明白揭露了宇宙开辟以来自然演化的奥秘。

默而成之，"六位时成"，成什么呢？离卦《彖传》中有具体的说明："重明以丽乎正，乃化成天下。"恒卦《彖传》亦云："四时变化而能久成；圣人久于其道，而天下化成。"贲卦《彖传》讲得更明白："文明以止，人文也。观乎天文，以察时变；观乎人文，以化成天下。"人秉持着天赋的良知良能，长久精进不懈地修行，由本身人格生命的成熟，进而带动社会群众的集体成长，最后所企及的完美的文化境界，便称为"成"。以《大学》所揭示的三纲领来说，"明明德"便是神而明之，大明终始；"亲民"便是化天下；"止于至善"即为"六位时成"，"天下化成"。

由明与止、明与成的关系，以及贲卦内离外艮的结构，再来看艮卦《彖传》怎么说："艮，止也。时止则止，时行则行，动静不失其时，其道光明。"随时止欲修行，正是艮卦精义，做到了便"其道光明"。"艮"

亦有终始之义，《说卦传》云："万物之所成终而所成始也，故曰：成言乎艮……终万物始万物者，莫盛乎艮。"艮居后天八卦末位，正当前一循环将尽，后一循环将起的关键位置。人生能否成就盛德大业，就看在其肉身陨灭之后，还能带给后世什么贡献。艮卦六爻修行，内卦三爻独善其身，只是小成；外卦三爻兼善天下，才是大成境界。

"成言乎艮"，成、言二字之合，即为"诚"字。《中庸》一书特重诚，所谓"诚者，自成也……诚者，物之终始"。诚是成己成物，是性之德，合外内之道。又云："唯天下至诚，为能尽其性；能尽其性，则能尽人之性；能尽人之性，则能尽物之性；能尽物之性，则可以赞天地之化育；可以赞天地之化育，则可以与天地参矣！"

依此而论，所谓"成"亦指成性。人通过不断的努力，彻底实现天命，进而达到天人合一的最高境界。《系辞传上》第五章称："一阴一阳之谓道，继之者善也，成之者性也。"第七章又云："成性存存，道义之门。"可与此印证。

《中庸》除了重"诚"，还尚"中"："喜怒哀乐之未发，谓之中；发而皆中节，谓之和。中也者，天下之大本也；和也者，天下之达道也。致中和，天地位焉，万物育焉。""诚"跟"中"是什么关系呢？"诚者，天之道也；诚之者，人之道也。诚者，不勉而中，不思而得，从容中道，圣人也。"人取法天道，节制嗜欲，将人事处理得恰到好处，这种上乘的修为便称作"中"。"唯天下至诚，为能经纶天下之大经，立天下之大本。"天下之大本即"中"，至诚可以立中，可以建立合乎时中之道的世界。"易简而天下之理得矣！天下之理得，而成位乎其中矣。""中"应指时中之道，并非"在其中"之意。

"成"字除了以上诸意外，又有奏乐至曲终之意。《尚书·益稷》有云："《箫韶》九成，凤皇来仪。"舜的音乐尽美尽善，和气致祥，历经九次变奏，臻于大成。孔子闻韶乐，曾叹三月不知肉味，他又自许知乐，认为音乐之道与政相通，并极度肯定礼乐的教化功能："兴于诗，立于礼，成于乐。"子路问"成人"，孔子列举了一堆严苛的条件后，又云："文之以礼乐。"

妙的是，孟子即以音乐来比喻孔子的伟大，称他为"集大成"者，有金声玉振、终始条理之美，后世遂以"大成至圣先师"为孔子名。音乐是时间的艺术，孔子被称颂为"圣之时者"。

"谦以制礼……豫……先王以作乐崇德。"《易经》中谦、豫二卦相综，礼乐教化为一体两面，相需并存。豫卦上爻爻辞云："冥豫。成有渝，无咎。""成"即代表乐曲终了，随着时间的流逝，必须变调以适应崭新的情境，才能没有毛病。豫下接随卦，随时应变，刹刹生新。"豫"知机，"随"随机，二卦皆重时，豫之时义大矣哉！随时之义大矣哉！乐教所显现的境界，真的是大明终始，六位时成。前言"成位乎其中"，"中"指时中，亦即此义。

《系辞传》首章无论真伪，和《乐记》的关系皆极密切。除了前半部形同照抄，再如："大乐必易，大礼必简""乐著大始，而礼居成物""王者功成作乐，治定制礼"。简直如出一口。我们深推作者创作此章的用心，确有贯通天人、大成礼乐之意；而短短七十九字的表述，已将《易》的宗旨揭露无遗，真是令人赞叹。以音乐论，本章正是所谓"天籁"。

庄子在《齐物论》中提出人籁、地籁和天籁的观念：人籁是箫管乐器所发出的声音，地籁是大地上千万窍穴受风怒号的声响，而天籁则是浑然忘我、一切自然而然的无差别境界。

"豫"字左偏旁为予，予为我，又有以手外推给予、施予之意。凡有所予，即不分彼此，大公无私。《论语》上记述孔门师生言志，子路冲口而出的："愿车马衣轻裘，与朋友共，敝之而无憾。"颇见胸襟。《易经》中孚卦九二爻辞："鸣鹤在阴，其子和之；我有好爵，吾与尔靡之。"更是令人神往。信爱精诚所至，多美的共鸣唱和之象！河南博物院的那座一人二象的雕塑，其人双手外推，又何尝不是象征人与宇宙万象间的亲密联系呢？

安身致用

以上皆"依经解经"的繁复引证,以见《系辞传》首章义理结构的致密,若以实用的观点来看,本章有何启示?

自古即称易有变易、不易、简易三义,简易是由变易见不易、因现象悟真理的不二法门。简易并非肤浅的简单容易,而是懂得化繁为简、以简御繁的高深智慧。人要修到简易,必须降低嗜欲,化除我执我见,练达以公正客观的立场阅历行事。

本章开宗明义,将《易》简分属乾坤两卦,且以"知"和"能"释之,足见易简为良知良能,本属天地间自然之理。《易经》以简易立教,即在促人师法自然,勿因个人情欲而干扰了对真理的判断。

西方思想中有所谓的"思维经济法则",亦即著名的"奥卡姆剃刀原理"(Ockham's Razor),主张如非必要,不宜妄加对宇宙真实的描述。这个重大原则,一直为后世的思想家所恪守。20世纪自然科学有飞跃的进展,而那些主领时代风骚的顶级人物几乎都相信:宇宙的深层结构是简单而和谐的,简单是一切自然之美的来源。

将简易的原则运用于组织管理,就是回归基本面,认真体认组织之所以成立的原因和目的,重视基层的心声和需要,以最佳的方法达成绩效。为政者须知民为邦本,本固邦宁,民之所好好之,民之所恶恶之。从商者须了解消费者的品位和需求,依此提供最适宜的产品及服务。在与民众或客户接触沟通之时,还得谨记深入浅出的原则,明白晓畅地传达理念,以争取大家的认同和支持。

舍此而外,皆有化简为繁、无事自扰或陷入过多枝节的嫌疑,至于沉溺于权力的傲慢与专业的矜持,就更不可取了。人生在世,理求心安,事宜通众,易简以成,孰不云然?

第二章　可以无大过矣——观象玩辞

圣人设卦观象，系辞焉而明吉凶，刚柔相推而生变化。是故吉凶者，失得之象也；悔吝者，忧虞之象也；变化者，进退之象也；刚柔者，昼夜之象也；六爻之动，三极之道也。是故君子所居而安者，《易》之序也；所乐而玩者，爻之辞也。是故君子居则观其象而玩其辞，动则观其变而玩其占，是以自天佑之，吉无不利。

译文：

圣人发明设计了卦的符号图像，以此观察研究宇宙万象，再系上文辞以说明吉凶，刚柔互动，相反相成，引发形形色色的变化。所以吉凶就是有所得或有所失之象，悔吝就是由改过与否决定或忧或乐之象，变化就是或进或退之象，刚柔就像昼夜交替般随时转换，一卦六爻的变动体现了天、地、人三才关系的配置。所以君子所持守安身的，是《易经》六十四卦依序推演的道理，所悦乐玩味的，是爻辞描述的应对变化。所以君子平素深观卦象并玩味爻辞，有所行动时深观事态的变化，玩味占卦显示的对策，必然如有天命相助般吉祥，没有任何不利。

独立不惧

《论语》中记述孔子论《易》:"加我数年,五十以学《易》,可以无大过矣!"五十岁正是孔子自述的知天命之年。《中庸》称:"天命之谓性。"孔子认为学《易》可以贯通天人性命之理,以之行事,自然不会犯重大过失。

《易经》中即有大过卦,大过卦和小过卦的不同,相当耐人寻味。阳大阴小,大过卦四阳二阴,阳刚太甚致凶;小过卦四阴二阳,阴柔过度成吝。大过卦为上经倒数第三卦,前颐卦后坎卦,养生不当陷于险难;小过卦为下经末三卦,前中孚卦后既济卦,秉持信念任事,在尝试错误中学习,终获成功。上经重天道,下经重人事,二卦正好天人相应。以中爻论:小过二、三、四、五爻重组,适成大过,表示积小过能成大过,勿以恶小为之;大过中绝无小过之象,积重难返,过河卒子只能拼命向前。

小过应属人事之必然,理想和现实间恒存差距;大过则似指自然生命有其极限,挥霍过度酿成危机。学《易》可以无大过,岂不是修行有成,突破了小我生命的限制,而证成大我生命的永恒吗?难怪大过的《大象传》称:"独立不惧,遁世无闷。""独"即《大学》《中庸》所论慎独之"独",这种内在生命的主宰一旦确立,当然解脱生死恐怖和忧悲烦恼。《杂卦传》以一"颠"字释大过卦,无大过,便能远离颠倒梦想,得证究竟涅槃。

圣人是先知先觉者,本诸己身之参悟,创作《易经》;君子是后知后觉者,借着研习《易经》,了悟宇宙人生的奥秘。本章所述,即先知觉后知、先觉觉后觉的传习之道。

三极之道

设卦、观象、系辞是《易经》创作的三个步骤，若以实际的易学史来说，可能长达数千年。伏羲画卦，设立了由八卦到六十四卦的符号系统，不断激发后人的创意想象，借此观察自然、理解人事；待文字发明后，再尝试以精简的文辞来叙述情境，说明吉凶。早先的卦爻辞一定不止一种，这由《左传》《国语》上的一些筮例，即可得知。经过长期的印证、比较，最后在集大成式的编纂下产生了定本。传统有所谓"四圣真经"的说法，除周公政务忙碌，作爻辞一说令人难以相信外，伏羲、文王、孔子，应该都在《易经》的集体创作上有其贡献。

《易经》是探讨变化的书，而宇宙间一切的变化，皆由刚柔相推而生。《杂卦传》有云："乾刚坤柔，比乐师忧。临观之义，或与或求。"刚柔互动，既相反又相成，互补合作很快乐，对抗冲突生烦忧；彼此面对接触，相互观察试探，或给予或追求，遂引发了形形色色的繁复变化。

吉、凶、悔、吝为《易经》最主要的判断辞。吉凶较极端，表示得失、成败、输赢、祸福已有确定的结果；悔吝程度较轻，尚有转圜的余地。一般来说，行事过刚生悔，若能悔过则无碍；过柔致吝，文过饰非将愈走愈窄。乾卦上九刚愎自用，"亢龙有悔"；屯卦六三行险侥幸，"往吝"。

"吉"字从士口，表示知识分子金口玉言，与人为善。"凶"字象地穿交陷其中，有坎卦初六、六三爻辞"入于坎窞"之意，厄运当头。"凶"字另解，也有象龟兆淆乱之形，或臼中缺米以示荒年。《说文解字》以善恶释吉凶，似有道德劝说之意，教人诸恶莫作，众善奉行。"吉凶者，失得之象也。"系辞不云"得失"而称"失得"，表示吉未必得，也可能失，凶未必失，或可能得。世事多变，所谓塞翁失马，焉知非福；塞翁得马，焉知非祸。短期和中长期的得失可能相异。即便就一时而论，吉凶也往往互见，有所得便有所失，竞争双方此得彼失，吉凶其实是相对的，不必过度执着。所以称失得之象，只是象而已，未必属实。

"悔吝者，忧虞之象也。"行事过程中刚柔失调，生出悔吝，若能警醒做出调整，便可转忧为喜。"虞"字在《易经》中大有意味，本义为天子掌鸟兽之官，当天子行猎之时，充作向导，妥善安排一切事宜，免生意外。屯卦六三《小象传》云："即鹿无虞，以从禽也。"追逐猎物至山脚下，若无向导带路，盲目跟进，则将陷入被动，迷失于原始林中。"虞"字引申为行动前必须深思熟虑、妥善防范之意。中孚卦初九爻辞称："虞吉。"信仰不可盲从，得先经思想缜密的检验；人际交往，资金流动，征信工作不可或缺。萃卦《大象传》："君子以除戎器，戒不虞。"群众聚集，情绪相互感染，容易生事，必须准备好兵器，以防暴乱。"虞"又有安乐之意，和"娱"相通。其实只要做好事先的规划准备，事后便可得享安乐，这和"豫"字兼有豫（预）测、豫（预）备、豫（娱）乐之义，非常相近。

《诗经·召南》末篇为《驺虞》，虞，《毛传》释为义兽，有至信之德，《说文》释"虞"字即同此说。如此，则中孚首言"虞吉"，更有深趣。《诗经·周南》末篇为《麟之趾》，麟为仁兽，《春秋》以"西狩获麟"绝笔。《诗经》"二南"素为孔子所推重，《周南》始于《关雎》，终于《麟之趾》；《召南》始于《鹊巢》，终于《驺虞》。正是君子之道造端乎夫妇，而归终于仁义之旨。关雎顺性纯情，麟趾仁满天下，揭示王道理想。鹊巢鸠占却显现人间情状，必须大声疾呼、铁腕制裁，以捍卫社会公义，这便是驺虞之旨。《周南》为法，《召南》为戒，对人生有成熟而深邃的认知。

悔吝是忧虞之象，悔若能忧，即可趋吉而转安乐；吝若安于过而不改，将至凶而转忧。

"变化者，进退之象也；刚柔者，昼夜之象也。"阴阳互动，或进或退，生出无穷变化；刚柔亦非永远不变，刚可变柔，柔能转刚，就像昼夜流转一样。吉凶、失得、悔吝、忧虞、变化、进退、刚柔、昼夜，皆相对之辞，有随时转换的可能，故称象。忧与虞相对，一忧一乐，变与化如何相对呢？

一般来说，人事所造成的变动称"变"，自然所造成的变迁为"化"，所谓天地造化、潜移默化、物种演化等。阳极转阴称变，阴极转阳为化。革卦人革天命，九五爻辞云："大人虎变。"凸显人为的创造性。观卦彰明天道，《彖传》称："下观而化也。"剥卦以阴剥阳，说得更清楚："柔变刚也。"根据大衍之数的占法，老阴出现的概率最低，阴极转阳所释放的能量也最大，故而自然造化的力量，还是远远超过人为的变革。

"六爻之动，三极之道也。"一卦六爻，寓有天地人三才之义。初爻、二爻为地位，三、四爻居人位，五爻、上爻为天位。爻之动，表示阳极转阴或阴极转阳，每一次的变化，皆反映了三才关系的变动。应用在人事上，即为任何举措都须考虑天时、地利与人和，将其配合的综效发挥到极致。"极"又有"中"之义，《大学》称"无所不用其极"，即"无所不用其中"。《中庸》则称："素夷狄行乎夷狄，素患难行乎患难。"《论语》亦云："君子无终食之间违仁，造次必于是，颠沛必于是。"六爻始壮究、始壮究，代表一卦中终而复始、持续变化的历程，三极之道，念兹在兹，不可须臾离，可离非道也。若以全卦象征组织，六爻则为基层到高层的科层体制，三极之道又成了全民总动员，天下兴亡，匹夫有责。比卦六爻爻辞皆言"比"，推展全民外交；临卦六爻爻辞皆言"临"，实现全民共治。

深造自得

以上为圣人创作《易经》的历程，这套思想和行为的典范确立后，即可提供给后人无尽的启发。"君子"的观念似乎起源甚早，卦爻辞中已相当普遍，《大象传》更多"君子以"，可说整套经典内容，都是为了造就君子而设计的。宋儒张载曾言："易为君子谋，不为小人谋。"《论语·雍也》篇中记述孔子对子夏说："女为君子儒，无为小人儒。"儒分君子、小人，且郑重其事地叮嘱弟子，似非一般泛泛的道德劝说，而是蕴有思想格局和路线的不同。子夏为孔门后进高才，接受的是孔子晚年主张的大同思想。《易经》与《春秋》皆由子夏传述，而《春秋》太平世的理想为"人人皆有士君子之行"，《易经》最后一卦为未济，六五爻辞称："君子之光，有孚，吉。"君子之真义，不宜轻忽看待。

易之序主要是卦序。今本《易经》六十四卦的次序，究竟由何人于何时排定，始终没有定论，然而其间所蕴含的深刻哲理，实在令人惊叹。天道的演化、人事的因革，都能在卦序中找到完整而精确的说明。有心研《易》的君子，若能虚怀体会，必可安身立命，守道不疑。爻辞必涉及变化，在众力交推下指示人最佳的应对之道，其中真趣，愈玩味愈有深悟。所谓"一爻一世界，一卦一乾坤"，身历其境，方知如是因果。

君子平居无事之时，深观易象推衍之理，玩索爻辞应变之道，借此锻炼思维，蕴养智慧；一旦形势有变，将采取行动之际，便可冷静分析，当机立断。居而安，乐而玩，观象玩辞、观变玩占，举止动静皆有法度。以此立身行事，自然如获天助，顺利成功，鲜少失误。"自天佑之，吉无不利"在《系辞传》中凡三见，本为大有卦上九爻辞。大有继同人之后，发挥同心同理、人人皆有之义，正与《春秋》"人人皆有士君子之行"的理想相应。上九为大有极境，人人皆已修成正果，实践天命，天即人、人即天，故云"自天"。人人心中一片天，天助实即自助，焉有丝毫迷信？

"居而安"之"居"字，作持守、守住解，在《易经》中相当重要。屯卦象征新生，《杂卦传》称"见而不失其居"，勿因环境艰险而丧失了清新的美质。屯卦初九、随卦六三、颐卦六五、革卦上六爻辞皆云"居贞"，强调固守正道的重要。乾卦九三朝乾夕惕，埋头苦干，《文言传》称"所以居业也"；九二见龙在田，君德已著，《文言传》称"宽以居之"。"丰"极变"旅"，《序卦传》称："穷大者必失其居。""未济"失败，《大象传》称："慎辨物居方。"节卦九五甘节吉，《小象传》称："居位中也。"涣卦九五发出号召，以整合人心，《小象传》称："王居无咎，正位也。"涣、节二卦相综，"王居"究竟是什么意思？

孟子道性善，言必称尧舜，又称愿学孔子，大体上遵循儒家的大同思想。他在论辩所谓大丈夫的含义时，有云："居天下之广居，立天下之正位，行天下之大道。""广居"为广大群众所居处之地，所有民生问题的解决，均为大丈夫无可旁贷的责任。为了捍卫天下的广居，遂有立于天下之正位、以行天下为公之大道的期许。孟子倡行王道，主张居仁由义，这就是涣、节二卦君位爻辞所言之义。而其思想的渊源，则为《春秋》中的"大居正"，拔除私相授受的世及乱制，回复尧舜选贤举能的正道。大位传承必须公正合理，以杜乱源。

居而安，乐而玩，确是深于习《易》者的经验之谈。孔子所谓晚而喜《易》，韦编三绝，发愤忘食，乐以忘忧，恐怕便是这种境界。《孟子·离娄》篇说得好："君子深造之以道，欲其自得之也。自得之，则居之安；居之安，则资之深；资之深，则取之左右逢其原，故君子欲其自得之也。"深造自得，正是本章主旨。

第三章　恐惧修省——各指其所之

　　象者，言乎象者也；爻者，言乎变者也。吉凶者，言乎其失得也；悔吝者，言乎其小疵也；无咎者，善补过也。是故列贵贱者存乎位，齐小大者存乎卦，辨吉凶者存乎辞，忧悔吝者存乎介，震无咎者存乎悔。是故卦有小大，辞有险易。辞也者，各指其所之。

译文：

　　象辞即卦辞，是表述卦象的；爻辞则是表述一卦中不同时位的变动。吉凶是讲一事的成败得失，悔吝是讲处事过程中的小毛病，无咎则是善于改正弥补过失。所以一卦六爻，象征从基层到高层的组织结构，位高权责重大者称贵，位低职微者称贱；阳刚有实力称大，阴柔缺资源称小；各有其作用与职能，全部储藏在卦象中，供习《易》者深入体会，以培养应世的智慧。爻辞中明言吉凶，教人知所趋避，过刚生悔过柔为吝，需及早忧虑警醒，尽快调整；如果行动犯错得知过悔改，才没有咎害。所以卦中六爻有阳称大，有阴称小，爻辞中描述的情境有的极艰险，有的很平易，都明确指示出未来发展的方向，教人审慎应对。

补过无咎

本章延续前章的理路,进一步探讨《易经》的卦爻结构。

"彖"字非常特殊,似乎仅见于《易传》,除了《彖传》称"彖曰"外,就是《系辞传》提了四次。总结来说,"彖"是截断之意,彖辞就是卦辞,针对一卦的情境做出宏观的判断,而《彖传》则是解释彖辞的传。"彖者,言乎象者也",卦辞是用以表述卦象的;"爻者,言乎变者也",爻辞则是表述一卦中不同时位的变动。卦象相对来说较稳定,爻变则动荡不测。"爻"字有交之意,众力交推,行止难定。

彖、象二字,可能皆取源于动物。象为草食性巨兽,给人印象深刻,瞎子摸象,即有想当然尔、以偏概全之弊。"彖"有说是箭猪,能断其鬣毛以伤人,故取决断为义;也有说是齿牙锋利之兽,能咬断坚硬之物。总之,习用之后,"象"指自然呈现的情境,"彖"则涉及人为的判断。

前章言吉凶为失得之象,悔吝为忧虞之象;本章续论"吉凶者,言乎其失得也;悔吝者,言乎其小疵也","小疵"是小毛病,尚有转圜的空间,或悔过自新,或文过饰非,就在一念之间。"无咎者,善补过也",这就引出"无咎"的观念,《易经》最重视无咎。《系辞传下》第十一章有云:"惧以终始,其要无咎,此之谓《易》之道也。"吉凶悔吝是相对的,在一定条件下会相互转化,不必过度执着;而无咎是绝对的,代表立于不败之地,应事没有差错。竞争双方以胜负论,可能此吉彼凶,能谨守君子风度,皆可无咎。

《易经》卦爻辞中,在吉凶悔吝之后加上无咎的,例证颇多。师卦卦辞云:"贞,丈人吉,无咎。"打仗除了胜负外,还有严明纪律、君将关系、善后事宜等许多问题须考虑;若不择手段求胜,将有严重的后遗症。

大过卦上六爻辞云:"过涉灭顶,凶,无咎。"《小象传》称:"过涉之凶,不可咎也。"其意似指知其不可为而为之,坚持理想而覆亡,虽败犹荣。其实,大过一卦往往以非常手段解决重大危机。上六时运已穷,不惜玉石俱焚，拼命一搏，还有可能震慑住对手而获保全，此爻应指置之死地而后生。

蛊卦九三爻辞："干父之蛊。小有悔，无大咎。"坚持改革理念，虽然过刚致悔，由于大方向正确，没有大差错。姤卦上九爻辞："姤其角，吝，无咎。"地属边陲或反应太慢，完全没有机会；虽然路子很窄，却也不惹麻烦，仍可自保无咎。

欲求无咎，就得勇于认错，并用最好的方法力求弥补。

孔子说学《易》可以无大过，即表示小过人人必犯，只要知过必改，善莫大焉。

小大贵贱

一卦六爻，象征从基层到高层的组织结构，位高者权责重大称贵，位卑职微者称贱，此即"列贵贱者存乎位"。每一位阶上可能为大有实力的阳爻，或本身资源不足的阴爻，各种不同的配置组合，即形成六十四卦。《易》例阳称大、阴称小，阳实阴虚，阳富阴不富。"齐小大者存乎卦"，"齐"有周备义，也有平等义。大有大的做法，小有小的运用，全部储藏在卦象中，习《易》者当深刻体会，以培养应世的智慧。

贵贱是依职务区分，与人格价值无关，而且相互依存。《老子》云："贵以贱为本，高以下为基。"基层的支持反而更重要。乾卦上九亢龙有悔，即因贵而无位，高而无民，故盈而不可久。孟子主张民为贵，更彻底翻新了贵贱定义，这种革命性的观点，在《易经》的《小象传》中亦多有印证。例如屯卦初九巩固基层，其《小象传》称："以贵下贱，大得民也。"颐卦初九迷失自性，其《小象传》称"亦不足贵"；鼎卦初六扬弃旧习，共和建政，其《小象传》称："利出否，以从贵也。"

列贵贱、齐小大，爻位及爻性皆确定后，便可进一步解读爻辞，以明辨吉凶。吉凶未定前的悔吝阶段，须忧虑，及早警醒，速做调整，这便是"忧悔吝者存乎介"。"介"字在《易经》中出现了三次：豫卦六二称："介于石，不终日，贞吉。"晋卦六二称："受兹介福，于其王母。"兑卦九四称："商兑未宁，介疾有喜。"皆有中立客观、慎谋能断之意。

"震无咎者存乎悔。""震"字用得鲜活！震为生机之动，动而能无咎，就在于知过悔改。忧悔吝于事前，震无咎于事后，竭尽可能追求行事最高的绩效。震卦《大象传》云："洊雷，震，君子以恐惧修省。"人生就在不断地行动中淬炼自我，调适成长。

以上一连五句，皆用"存"而不用"在"字，强调所述之理的永恒性，非限于一时一地而已。综合以上论述，往下便是结论："卦有小大，辞有险易。辞也者，各指其所之。"

一卦中有阳爻，有阴爻，资源不同，功能各异。彼此错综互动，造成各爻爻辞情境非一，有的极艰险，有的甚平易。不论是哪种状况，爻辞都会明确指示出未来发展的方向。

"卦有小大"一句，语意含混，费人猜疑，引发不少难通的解释，以为卦还分小大。三画卦分小大还勉强，乾、震、坎、艮为阳卦，可称大；坤、巽、离、兑为阴卦，则称小。六画卦怎么分呢？大有、大过、大畜、大壮算大卦，小过、小畜称小卦，其他卦呢？若以阴阳爻数的比例区分，三阴三阳的二十卦怎么算？其实"卦有小大"应指爻，和"齐小大者存乎卦"同义。正如"辞有险易"和"辨吉凶者存乎辞"相通，只是进一步更简要地说明，所以前面加"是故"二字。同样，"忧悔吝者存乎介，震无咎者存乎悔"，都是教人事前事后的趋吉避凶之道，所以总结为："辞也者，各指其所之。"

第四章　至大无外——曲成万物而不遗

《易》与天地准，故能弥纶天地之道。仰以观于天文，俯以察于地理，是故知幽明之故。原始反终，故知死生之说。精气为物，游魂为变，是故知鬼神之情状。与天地相似，故不违；知周乎万物，而道济天下，故不过；旁行而不流，乐天知命，故不忧；安土敦乎仁，故能爱。范围天地之化而不过，曲成万物而不遗，通乎昼夜之道而知，故神无方而易无体。

译文：

《易》与天地平齐，所以能包含天地间所有的道理又条理分明。我们以《易》来仰观天文现象，俯察地理景观，所以知道一切隐微不显和清楚呈现的事物间的关系。追溯事变的开始和结束，了悟其因果关系，便能知道死和生的奥秘。人活着只是精气的聚合，精气一散，灵魂离体便告死亡，由此便知道鬼神的作用和情状。《易》与天地相似，所以不会违背自然的规律，其蕴含的智慧来自透彻研究万事万物之后，了悟的真理可用来解决天下众生的问题，一点也不会偏差。我们习《易》有成，人生行事因机顺势无所不至，不致泛滥无归。深知天命乐于行健不息，所以从不忧虑小我的私利；安于所居土地，仁德深厚，爱护群生。活用易理可形塑控制天地间的自然造化，创造发明而不致偏失，实行种种周到细致的方式育成万物，一个也不放弃或遗漏。通达昼夜刚柔变化之理，以绝高智慧灵活应世，所以最高的存在变化莫测，没有固定的方所，易理的运用亦无固定的形体，无定在而无所不在。

鬼变机神

此章盛称易道之大，包罗万象，近乎无所不知，无所不能。系传成书时可能已至汉初，文辞优美动人，信道之笃、持守之坚，真是令人侧目。

"准"是平齐之意，无过与不及。"易"为自然的生生之象，故与天地平齐，天地之间所有的现象均为易理所涵括。"弥"有覆盖、周遍、充满之意，"纶"为治丝纵横交织、缝合紧密。"弥纶"正所谓天衣无缝，包含净尽又条理分明。天地之道也有批注为天下之道的，意思相去不远。《诗经·大雅·烝民》云："天生烝民，有物有则。"《易经》讲的就是天则，就是自然律，人也是自然的产物，不可能违反天则。天地之道偏重自然，天下之道凸显人文，人文有其特色，但仍属自然。

《易经》既包括天地间一切的规律，我们用来仰观天文、俯察地理，就能知道一切隐微不显和清楚呈现的事物间的关系。"幽明之故"的"故"字，《说文》解为"使为之"，即一般所称的缘故。《墨子》的《墨辩》（即《经上》《经下》《经说上》《经说下》四篇）为墨子所创的思维术，文辞古奥，向称难治，而《经上》篇首字即为"故"，还分为小故、大故，依其解释，"故"为"所得而后成"。凡事总有其发生的原因，尽可能追究清楚，当然会增长我们对这世界的认识。"明"是台面上看得见的，"幽"是台面下看不见的，就像冰山一样，浮在水面上的部分，仅占全体十分之一为"明"，沉在水下的部分占十分之九属"幽"。"幽"跟"明"有绝对密切的关联，而知"幽"显然更重要。《易经》强调"知机"，"机"即隐微难明，由变易悟不易，由"明"知"幽"。

"原始反终"的"反"字,据唐代陆德明《经典释文》考证,应为"及"字,形似而误。"原始及终",即追本溯源,探究事变的开始和结束,了悟因果关系后,便能知道死和生的奥秘。人活着只是精与气的聚合,精气一散,灵魂离体便告死亡,由此又可知道鬼、神的作用和情状。

儒家的主流思想一向理性务实,罕言死生鬼神之事,所谓:"务民之义,敬鬼神而远之。""未能事人,焉能事鬼?""未知生,焉知死?""祭神如神在。"清楚而明确地表达了重视现实人生的态度。然而《系辞传上》此章却大谈幽明之故、死生之说及鬼神之情状,不免令人侧目。这些永恒难解的问题,难道说《系辞传》作者已有笃定的答案吗?偏偏这几句又语焉不详,未见严密推理的过程即道出结论。虽然这是中华古籍说理的通病,但死生事大、鬼神无凭,如此寥寥几句的表述,还是欠缺说服力。

话说回来,《易传》中却也并非讳言鬼神,而是另有新义,与一般世俗的鬼神观不同。例如,《系辞传上》第九章论"大衍之术"占法,有云:"凡天地之数五十有五,此所以成变化而行鬼神也。""鬼神"应指天地造化之妙用,至而伸者为神,反而归者为鬼,屈伸往来,阳息阴消,据此可推衍天地万象的变化。丰卦和谦卦的《彖传》皆言鬼神:"天地盈虚,与时消息,而况于人乎?况于鬼神乎?""鬼神害盈而福谦。"满招损,谦受益,物极必反,这是天地人鬼神的共通规律。乾卦《文言传》云:"夫大人者,与天地合其德,与日月合其明,与四时合其序,与鬼神合其吉凶。先天而天弗违,后天而奉天时,天且弗违,而况于人乎?况于鬼神乎?"这是借题发挥九五爻辞中"利见大人"之义。看来,只要参透了宇宙间不易的法则,鬼神的功用和现象,也是自然的一部分,理解起来并不困难。

《中庸》上有一段,记载孔子对鬼神的看法,值得玩味:"鬼神之为德,其盛矣乎!视之而弗见,听之而弗闻,体物而不可遗……夫微之显,诚之不可掩如此夫!"鬼神似乎代表冥冥中阴阳二气的作用,虽隐微难见,但只要用心体会万事万物的生灭变化,就不可忽略其存在。

道家以精、气、神为人之三宝，内丹功修炼亦讲究炼精化气，炼气化神，《黄帝内经》屡言精气，看来"精气为物"的说法，颇为各家所认同。"游魂为变"要如何理解，可就见仁见智，比较麻烦了。京房八宫卦序中，将每宫从属的第七卦称为游魂，第八卦称归魂，并合称为鬼易，可能源此而来。郑玄注《易》，径以大衍占法的七、八释精气，表示暂时稳定的万物存在形态；九、六释游魂，象征物极生变，阴极转阳，阳极转阴。如此则与前述筮法"成变化而行鬼神"之意相近。鬼神云云，只是天地间阴阳二气的盈虚变化而已。

物、精、气、神四字，均未见于卦爻辞，《易传》中始言之。精为形之祖，一切形体由精而生。乾卦《文言传》："大哉乾乎！刚健中正，纯粹精也。"此系针对《彖传》"大哉乾元，万物资始"的解释，往下的"云行雨施，品物流形"，若与《系辞传下》第五章所称"天地细缊，万物化醇；男女构精，万物化生"合看，即可知"精"字的含义。而天地细缊，又显然带有"气"的意味。气凝成精，精扩成形，而神应是主宰其生化妙用的最高原理。

《易传》谈气，见于上经之首的乾卦，《文言传》释其初爻为"阳气潜藏"，五爻则称"同气相求"；亦见于下经之首的咸卦，《彖传》称"二气感应以相与"，正承《说卦传》之"山泽通气"而来。天道人道之始俱言气，可见气的重要。

气与虚有关。咸卦《大象传》云："君子以虚受人。"山上有泽，是自然界常见的天池之象，远离尘嚣，静谧已极，池水清澈如镜，天光云影倒映无遗。咸卦六爻全以人身取象，人必须致虚守静，方可与周遭环境和谐感通。老子云"专气致柔"，庄子则称："气也者，虚而待物者也。"又云："唯道集虚，虚者，心斋也。""虚"是修心所至的一种理想境界。

《易经》经文未言物，多言心。上经唯一言心者，为坎卦卦辞的"维心亨"。下经则依序有：益卦九五的"有孚惠心"，上九的"立心勿恒"。井卦九三"为我心恻"，艮卦六二"其心不快"，九三"厉熏心"，以及旅卦九四"我心不快"。

《易传》言心最值得重视的，为复卦《象传》的："复，其见天地之心乎！""七日来复"是高级生命运化的基本律则。医经说女子"二七而天癸至"、"七七"而"天癸竭"。生生之谓易，乾坤开天辟地之后，屯是海洋下有生命起源，物之始生；豫是生命繁衍至陆地上，故以巨象取义；剥是地上生命灭绝，复是地下生命再起，物之新生。一元复始，万象更新，高等生命的特征，即在精神心灵的作用渐盛，故而复卦再往下，终能发展出离卦所代表的辉煌灿烂的人类文明。

下经专论人间世，首卦咸表述人类极敏锐的感情和思维能力。《象传》云："天地感而万物化生，圣人感人心而天下和平。观其所感，而天地万物之情可见矣！"咸卦经传中同时揭露人、心、气、虚、情等重要观念，将人身小宇宙和自然天地的大宇宙比类贯通。咸卦之后，下经讨论心、情作用的卦爻更多。基于以上的理解，游魂之变，鬼神之情状，未尝不可以精神心灵的作用视之；而精气为物，又牵涉极复杂的心物关系的辩证。系传作者于此全无交代，只是提出了极具争议性的命题而已。

格物致知

"与天地相似"的主词，和"与天地准"一样，显然都是"易"。在前文近乎夸张地强调"易"的全知后，往下又换了一种推崇的方式，不违、不过、不流、不忧、不遗，以凸显易理的圆融无碍。"易与天地准"，是层次上齐平，与天地相似，则涉及易象模拟自然的问题。

既云相似，即非完全相同，但已抓住彼此结构及内在机制的共通性，故而以此象彼，不会发生违背自然的情形。又由于"易"为人所构思的产物，并非自然本身，遂又有了创造性。乾卦《文言传》所释大人之义，"先天而天弗违，后天而奉天时"，就是这种相似关系的极好说明。谦卦六四《小象传》云："无不利，捴谦，不违则也。""捴"即发挥的挥，"谦"为天地人鬼神所共循的规律，据此发扬光大，当然无往不利。

满招损，谦受益，这是无法违反的天道。损卦六五及益卦六二为最佳受益之位，爻辞俱云："或益之，十朋之龟，弗克违。"以名贵的大龟占卜，所显示的天意均不能违背，损卦六五《小象传》所称："自上佑也。""自上佑"即"自天佑之"，依大有上九爻辞，后接"吉无不利"四字，又与"无不利，捴谦"相合。

"天与水违行，讼"，"天与火，同人"，换言之，同人之所以能通天下之志，即不违天道。人同此心、心同此理，以确保世界和平，实现大同之治。依八卦方位的说法，乾、离分居先后天卦位的南方，先天为体，后天为用，同人为先后天同位，体用合一，人类文明的发展应依天理行事。

"知周万物"的"知"字，一般念作智慧的"智"，表明非知识之"知"。"周"是周遍、彻底研究通透之意。我们的智慧透彻研究万事万物之后，所了悟的真理，必须用来解决天下众生的问题，不可流于空想或玄谈，这才是先圣创作《易经》以及我们研究《易经》的目的。不过，即恰到好处，不会犯《中庸》所谓"知者过之"的毛病。"知周乎万物而道济天下"，完全合乎《中庸》所称"致广大而尽精微，极高明而道中庸"的儒者精神。"济"是涉河渡彼岸，是引导众生拔苦得乐的波罗蜜。《易经》最后两卦为既济、未济，道济天下正是《易》的终极目标。

然而，以智慧来解释知周万物之"知"，恐怕仍得解释一下。这个"知"字应是《系辞传》首章"乾知大始""乾以易知"的"知"，以人来说，就是与生俱来的良知。良知先天涵备觉识明照的能力，当人进行后天学习时，不断感测量度外物，以开发智能，形成知识，《大学》所说的格物致知正是此意。知周乎万物而道济天下，即致良知的效果呈现。

以卦序而论，"乾知大始""坤作成物"之后是屯，清新的生命未受习染，"元亨利贞"四德俱全。进入蒙卦，嗜欲渐深，天机渐浅，良知的开创性有了问题，故而元德不显，须大力启蒙，就有道而正焉。启蒙实即涤除习染，复元复性。"大学之道，在明明德，在亲民，在止于至善。"此由蒙的互卦为"复"亦可看出（见下图）。

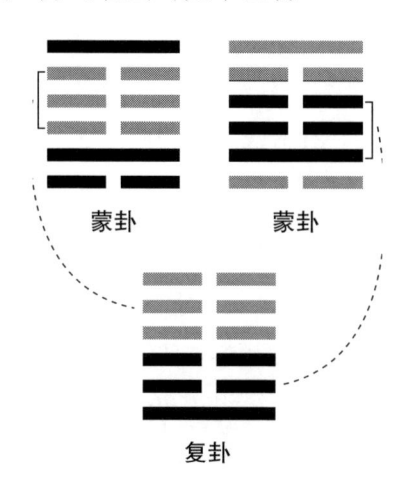

蒙卦　　蒙卦

复卦

"明明德"直探人性本源，并非仅有德性上的意义，同时也为吸收知识做好基础准备。《中庸》云"尊德性而道问学"，德性与问学，二者不相冲突。质言之，《易经》蒙卦所揭橥的教育理念，一为尊德性，通于老子所称的"为道日损"；一为道问学，即"为学日益"。若以复卦象征良知显现，则紧接着的无妄、大畜两卦，正是内外兼修的致良知的功夫。良知愈格物愈明，故而大畜《象传》言："日新其德。"

"旁行而不流"，颇有老子"大道泛兮，其可左右"的气概。道术之行就像长江大河，壮阔奔流，因机顺势，无所不至，却自有轨范，不至泛滥无归。旁行即自由自在，百无禁忌，充分体现易理变动不居的创造性。不流，于变易见不易，发而皆中节，又隐然有常法在焉。《易经》六十四卦三百八十四爻，再加上卦变、爻变，至少数千种类型的变化，已经曲尽人生各种情境的描绘；而卦爻辞中所提出的对策，也确能切中肯綮，值得信受奉行。

天人性命

《易经》本为忧患之书，为解脱众生悲苦而作。然而此忧为忧国忧民，先天下之忧而忧，不为物喜，不为己悲。《论语·子罕》篇："知者不惑，仁者不忧。"孔子自述四十而不惑，已摆脱个人私欲的纠缠；五十而知天命，嗜欲浅天机深。不惑于欲，不忧己私，廓然大公，物来顺应，此为乐天爱人的仁者境界。"知之者不如好之者，好之者不如乐之者"；"发愤忘食，乐以忘忧，不知老之将至"；"饭疏食饮水，曲肱而枕之，乐亦在其中矣"；"一箪食，一瓢饮，在陋巷，人不堪其忧，回也不改其乐"；"贫而乐，富而好礼"；"知者乐水，仁者乐山"。《论语》所载这些乐的境界，皆可归结为乐天知命故不忧。《中庸》称君子"居易以俟命"，"俟命"由知命而来。唐朝大诗人白居易，字乐天，典出于此。

天命的观念很困惑人，过去对中国人的影响也很大。孔子五十以学《易》，和"五十而知天命"时正相合，《易经》对天命的看法究竟如何？经文中言及命的不多，集中在几组卦：讼卦九四的"复即命"、师卦九二的"王三锡命"，以及上六的"大君有命"，仍偏重君命。泰卦上六的"自邑告命"、否卦九四的"有命无咎"，已有大环境形势比人强的天命之意。革卦九四的"改命吉"，《小象传》点出"信志也"，以人志和天命对论，凸显人能若盛，天命尚可变革的伟大观念。旅卦六五的"终以誉命"，《小象传》称"上逮也"，则有下学而上达，穷理尽性以至于命，人天合一的圆融体悟。

《易传》谈命更精微而深入：《说卦传》述圣人作《易》的目的为："将以顺性命之理。"乾卦《彖传》称："乾道变化，各正性命。"天命与人性本无二理，得参透本源，并就自然和人世的各种变化去调顺、拨正天人间的关系。大有卦《大象传》云："顺天休命。"前提是："君子以遏恶扬善。"萃卦《彖传》称："顺天命也。"鼎卦《大象传》云："正位凝命。"人文荟萃、革故鼎新，一切的人文建设是为了实践天命。《中庸》云："苟不至德，至道不凝焉。""凝"是具体成就之意。人行至德，才能成就至道；正位行权，才能成就天命。

天命究竟是什么？无妄卦《彖传》有规范性的定义："大亨以正，天之命也。"元亨利贞，自然界终而复始的创造循环，乾卦卦辞所显示的生化规律即天命。人若不依天命而行，违反自然规律，必生咎悔，故而无妄卦《彖传》作结云："天命不佑，行矣哉。"

知天命，行天命，并非屈从于形势，接受宿命安排，而是知机顺势，将资源做最有效的投注和运用；倘若大形势实在太坏，也不排除深入研发、另起炉灶的可能。卦序由困、井到革、鼎，已经充分说明此义。人志和天命之间，或合或分、或同或异，其实充满了辩证的张力。我们不妨再看看以下诸例。

临卦标榜开放自由，鼓励个体的参与和创意，其九二爻辞云："咸临。吉无不利。"和大有卦上九同一结果，但《小象传》却称："未顺命也。"这和大有卦的"自天佑之"有无矛盾呢？临卦全卦的重心为初九、九二两阳爻，皆以"咸临"为称，"咸"即下经人文精神的开端，初九又为九二的基础，其《小象传》云："志行正也。"人志只要行正，未顺天命，一样吉，无不利。

值得注意的是：临卦《彖传》中显以九二为主爻，称"刚中而应，大亨以正，天之道也"。这与前述无妄卦《彖传》所云"刚中而应，大亨以正，天之命也"极类似，但一称天之道，一称天之命，二者又有何不同呢？

"道"是终极真理，"命"指大用流行。天道、天命皆以乾卦的元亨利贞为指标，而道的存在层级更高。乾卦《彖传》称："乾道变化，各正性命。"人性、天命欲得其正，还得依据更基本的乾道变化而来。无妄强调天命的不可违，而天命中本就含有正，人心一旦失正，即易误判形势，闯祸犯错，而不利有所往。临卦九二志行俱正，直接上通天道，从心所欲不逾矩，不必斤斤计较顺命与否。

当然，未顺命并非故意违反天命，而是乾卦《文言传》所称的"先天而天弗违"。如果执意不顺命，自由过度，恣意妄为，又可能启动天命的反扑，这就是临卦卦辞所提醒的"至于八月有凶"。八月在十二消息卦中为观卦，其《彖传》云："观天之神道，而四时不忒。"四时运转，天命流行，彰显了天道的自然法则；一旦天时失序，灾变频仍，天命的错乱即表示人事的乖谬。

俗云："人在做，天在看。"临、观两卦一体相综，这种天人相应的奥妙关系，在中国传统政治思想中颇为强调，天灾人祸常常作为政治绩效的负面指标。除了借此制衡君权，或遂行斗争之实的考虑外，究竟有无合理性呢？

其实，现代生态环境污染的问题，就是天人关系的失衡。臭氧层的破洞或未来核战的威胁，足以改变正常的气候，看似天灾，实乃人祸。所以复卦见天地之心，本是赞叹人能人智的发扬，但逞智过度，又成上六的"迷复，凶，有灾眚"。天灾人祸并至。紧接着的无妄卦，六三出现无妄之灾，尚非人事之咎；上九"行有眚"，《小象传》释云"穷之灾"，则已视人祸为天灾了。"天作孽，犹可违；自作孽，不可逭。"临卦的八月之凶，警世意味浓厚。

姤卦不期而遇，天命的发展有其随机偶然性，物种演化往往出现突变的机制，人生在世每见旦夕祸福，面对这种难料的情境，又当如何呢？九五《小象传》说得好："志不舍命也。"位处中正，人事准备已臻最佳状态，却还得涵容不发，等时机成熟才下手。人志决不可舍离天命，否则功业难成。姤卦之后为萃，因缘聚合，称"顺天命"；萃之后为升，称"南征吉，志行也"，升而不已必困，高倍率成长泡沫化以后，又得面临研发转型的问题。

困卦《大象传》云："君子以致命遂志。"泽中无水，代表资源耗尽，命势已至穷途。这时若还想达成自己的志向，就得豁出全部心力，以求脱困。所谓天无绝人之路，再坏的形势也存有一线生机，一旦找到了突破口，便应竭力钻研扩大。"致命"的"致"，除了毫无保留地投入之外，还有积极扩充之意，与"致良知""经世致用"之"致"类同。

卦序发展至巽卦，对人志与天命的探讨，有了更深入的心得。《象传》称："重巽以申命。"天命幽微难测，必须深入再深入，才能悟其精奥。《大象传》云："随风，巽，君子以申命行事。"天命无常，时势的风向总是变来变去，有智慧的人应低调灵活，随机应变，才能委曲婉转而终获成功。初六爻辞云："进退，利武人之贞。"《小象传》先称"志疑"，后称"志治"，可见犹豫彷徨。九三爻辞云："频巽，吝。"《小象传》称"志穷也"，贯彻也极不易。九五化被动为主动，"先庚三日，后庚三日，吉"，才应了《象传》所称："刚巽乎中正而志行。"

《论语》中孔子自述为学历程，从吾十有五而志于学开始，五十而知天命，七十而从心所欲不逾矩，正是由立志到知命，由知命再深造至志命合一的大人境界的显例。

斯土斯民

乐天知命为仁者不忧的修养，安土敦仁则更进一步发挥对众生的爱心，"能爱"的"能"字特别提醒人：爱是一种能力，牺牲奉献，包容忍耐，非空言可致。乾以易知，坤以简能，乐天知命通乾道，安土敦仁属坤道。从不忧到能爱，知行合一，一切自然而然。

"敦"字有厚、后、终之意。艮卦上九"敦艮，吉"，《小象传》释云："以厚终也。"最能阐发其义。坤卦厚德载物、先迷后得主、乃终有庆，"敦"字明确有坤象。《中庸》称："小德川流，大德敦化。""敦"为大德境界，非朝夕可至。除"敦艮"外，复卦六五"敦复，无悔"，临卦上六"敦临，吉，无咎"，爻位非上即五，人生历练已至炉火纯青，对四爻以下的年轻后进，往往呈现仁厚长者的风范。

仁者待人处世会如何表现呢？孔子说仁者爱人，孟子推广至仁者无不爱，都为本章的能爱垫下根基。孟子又说仁者无敌，仁者没有敌人，更不会无端制造假想敌。虽然不树敌，可决不乡愿，能以公心正是非。《论语·里仁》篇有云："唯仁者，能好人，能恶人。"一般人好恶失正，爱之欲其生，恶之欲其死，仁者确能超越此障。《大学》发挥斯旨，对心胸狭隘、嫉贤妒能，乃至祸国殃民之人，决不宽待，主张放逐至四夷，不与同中国，而称此为真正仁者的行为："唯仁人为能爱人，能恶人。"

仁者之爱，依儒家主流观点，为由近及远的等差之爱，而非泛言高论的兼爱，换言之，亦属一"致"的过程。《易经》中有两个关键词，能帮助我们了解这种主张，一是"孚"，一是"育"。

"孚"字经文常见，爪下有子，正是鸟类孵卵之象。母鸟孵育小鸟，须静止不动，耐心守候。亲子之间通过体热传递，逐渐化去坚硬的蛋壳，终至时机成熟，新生命破壳而出。"孚"字一般解作诚信，但如果以基督教讲的信、望、爱三字合释更贴切。"有孚"往往代表现况虽不好，只要坚持信念，以爱心化解僵局险境，便可有美好的未来。需、讼二卦首重有孚，只要孚信未失，终有满足需求、解决争端的一日。小畜卦以小博大，六四、九五最善相处之道，亦为有孚。换言之，诉诸亲子之情、同胞之爱，以建立互信，便能化解强凌弱、众暴寡的斗争。坎卦险象环生，卦辞称："有孚，维心亨，行有尚。""有孚"又是一切心理建设的根源，据此以往，终能脱险。

"育"字经文仅见一处，渐卦九三云："妇孕不育。"传文较多，蒙卦《大象传》云："果行育德。"蛊卦《大象传》云："振民育德。""育"字下为女人身上的一块肉，上为倒子之象，正似女子生产时，胎儿头下脚上、蠕动而出的情景。女子怀胎十月，历尽艰辛，还得熬过生产的阵痛，才得孕育新生命。没有爱心和对下一代的盼望，是很难做到的。

"孚"和"育"二字，分别从卵生和胎生的诞生历程取象，阐述最自然的生命情怀，有血缘关系的亲子情、同胞爱，一定和其他关系不同。

但人类文明发展之所以异于禽兽，就在于，孚和育的精神可以发扬扩充，从独亲其亲、独子其子，推广为不独亲其亲、不独子其子，老吾老以及人之老，幼吾幼以及人之幼。孚的本义仅限亲子之情，甚至是单向的母爱，连反馈的孝顺都未涉及，也可能流于偏私护短，对群体生活未必合宜。所以又有中孚一卦，阐扬孚须合乎中道。"育"的本义一经推广，养育、教育、化育，甚至如无妄卦的《大象传》所称："茂对时，育万物。"人道精神发挥到极致，即成就《中庸》所谓："可以赞天地之化育，则可以与天地参矣！"

爱既有由近及远的等差，"安土"之说实乃逻辑上的必然。博爱世人，先得从亲人、邻人的乡土之爱开始，否则不是流于空泛，就是根本虚伪。同人卦以"同人于野"为号召，爻位的发展顺序仍是"同人于门""同人于宗"，还得经过"伏戎于莽""乘其墉""大师克相遇"的钩心斗角历程，才以有限量的"同人于郊"结束，可见博爱之难。人生真要学习爱的能力，先从安土做起。

功参造化

"易与天地准"，"易"与天地相似，"易"范围天地之化而不过，本章行文依此分为三大段，立意各有层次，并非混同。"准"即"相似"，前已谈过，有形塑、控制之意，更凸显人智人能的优越性。天地自然的造化有生有杀，有平易、有险阻，未必尽合众生所居。人为万物之灵，在不违背基本法则的前提下，大可创造发明，改造自然中不尽理想的部分。"不过"，是指一切作为恰到好处，不会因文明的发展而破坏了自然生态的平衡。泰卦《大象传》云："后以裁成天地之道，辅相天地之宜，以左右民。"道理与此相同，"裁成""辅相"就是本章所谓的"范围"。

自然环境处理好了，进一步即可实行种种周到细致的方式，以育成万物，一个也不放弃或遗漏，这便是"曲成万物而不遗"。"曲成"二字，道尽成事之艰难，也显露无尽的爱心。曲相对直而言，固然"人之生也直"，但直得直在内心，无私无染，动机纯正。至于外面行事，则必须因时、因地、因人、因物而制宜，委曲婉转，才易成功。坤卦六二顺势用柔，爻辞云："直方大，不习无不利。"《文言传》解释得好："直，其正也；方，其义也。君子敬以直内，义以方外。""义"即"宜"，往外行事须设想周到，讲求方法策略。

根据八卦先后天同位的说法，坤卦为体，其用为坎，坎为水。自然界中水的流动，也是曲成最好的范例。黄河九曲，终向东流，只要终极目标不变，设定水位落差，中间不管怎么灵活变通，一定能达到目的。水也没有固定的形状，入方则方，入圆则圆，水滴石穿，水落石出，似柔而实刚。兵法有"以迂为直"之计，有"兵形象水"之思。老子观水，有"曲则全，洼则盈"及"大直若屈"的解悟。

乾道变化，各正性命。万物之性各殊，成就之路不一，只有以无限的耐心包容，曲尽变化之理，才不致以私意独断，而斲丧其生机。老子称："是以圣人常善救人，故无弃人；常善救物，故无弃物。"无弃人，无弃物，才能涵藏万有，以成就其大。蒙卦九二"包蒙"、泰卦九二"包荒"，又云"不遐遗"，充分体现厚德载物的精神。屯、蒙相综，屯为物之始生，字形像初生草穿地，草根委曲婉转，破土而出，正合曲成之理。

又，《易经》经传中常见的"之"字，依《说文》解释，为草木出土，往上生长之象，字形亦呈现曲进之状。渐卦《象传》云："渐之进也。"循序渐进，多半迂回顺势，而非一步到位。革卦九三《小象传》称："革言三就，又何之矣？"鼎卦九三《小象传》："鼎有实，慎所之也。"革故鼎新，乃非常时期的大事，采取行动前必须慎之又慎，一旦行动，亦非一蹴可就，须有百折不挠的准备。

易占变卦称之卦，由本卦单爻或多爻变造成，但究竟能否变得成，还涉及诸多考虑，并非简单可致。前章云："辞也者，各指其所之。"一卦六爻的爻辞，只是指出各自变动的意向，爻变不必然造成卦变。一个"之"字，道尽成事之不易，改造大环境更是如此。

再如复卦所显示的生命演化的律则："七日来复。"亦为螺旋形上升的曲线，循一升进的主轴，周转不息。"无平不陂，无往不复。"泰卦九三已明示此理。天地万物皆由曲成，没有任何例外。《中庸》由尽己之性、尽人之性、尽物之性，谈到赞天地之化育，与天地参，紧接着又称："其次致曲。"所谓"曲能有诚，诚则形，形则著，著则明，明则动，动则变，变则化，唯天下至诚为能化"，皆在畅发"范围天地之化""曲成万物而不遗"之理。

曲成变化，必得深通万事万物动变之理，故而传文接着又称："通乎昼夜之道而知。"昼夜之道，即刚柔变化之道，其义已见于系传第二章。昼可变夜，夜可变昼，阳极转阴，阴尽还阳，穷则变，变则通，这是灵活应世的绝高智慧，也是前述良知的全体发用。

"知幽明之故"，"知死生之说"，"知鬼神之情状"，"知周乎万物"，"乐天知命"，"通乎昼夜之道而知"，"能弥纶天地之道"，"能爱"。本章对《易》的推崇，真是毫无保留。既然易理全知全能，不限于一方一隅之用，往下便终结全章所有论述，而下了结论："故神无方而《易》无体。"

《说卦传》云："神也者，妙万物而为言者也。"自然造化之妙，没有一定的方式，变动莫测，匪夷所思。取法自然而悟出的易理，圆融应变，也没有固定的形体。一言以蔽之，皆是无定在，而无所不在。

第五章　永续不息——生生之谓易

一阴一阳之谓道，继之者善也，成之者性也。仁者见之谓之仁，知者见之谓之知，百姓日用而不知，故君子之道鲜矣！显诸仁，藏诸用，鼓万物而不与圣人同忧，盛德大业至矣哉！富有之谓大业，日新之谓盛德。生生之谓易，成象之谓乾，效法之谓坤，极数知来之谓占，通变之谓事，阴阳不测之谓神。

译文：

统合阴阳的就是道，继续往下生发推衍就是善，因此而凝铸成形的万事万物便有了各自的物性。人的修为不同，体悟真理就有见仁见智的差别，仁者认为是仁，智者认为是智，一般老百姓天天生活在大道中却不自知，所以君子之道很不容易修成。大道显现出来就是生生不息的仁德，藏在形形色色的作用中，鼓荡万物变化，一切自然而然，不随个人主观意志而转移，圣人悲悯忧世情怀固然伟大，也未必能影响天地造化。无论如何，人生仍应积极进取，开出文明创造之路。厚蓄资源、利益众生就是大业，日新又新、不断精进就是盛德。生生不息就是易，形成创意理念就是乾，落实执行就是坤，彻底研究清楚易数以预知未来就是占，根据现实情况变化随机调整就是事，阴阳变化难以绝对测度就是神。

继善成性

本章和前章论道说易,哲理意味浓厚,文辞亦极优美,可说是《系辞传》中的双璧。前章盛称易道之大,"与天地准""与天地相似""范围天地之化而不过",终结于"神无方而《易》无体"。本章则极论易道之活,从一阴一阳之谓道,辩证至阴阳不测之谓神。一论至大无外,一论永续不息,两章前后辉映,强烈显露《系辞传》作者对易理的由衷信服。

"之谓"意同"就是","谓之"则为"叫作"。"甲之谓乙",甲就是乙,二者实为一物。"甲谓之乙",甲叫作乙,乙只是甲的一种表述方式,二者并不等同,甲也可以叫作丙。换言之,"之谓"蕴含本质上的等同,"谓之"则可能出现名与实的差距。以英文来说,"之谓"即"is","谓之"有点像"as"。《说卦传》释八卦之象:乾,健也;坤,顺也。乾之谓健,坤之谓顺。乾为天,为君,为父……乾谓之天,谓之君,谓之父。

一阴一阳之谓道,一阴一阳就是道,宇宙万有必涵具阴阳两种性状。"一"字肯定是动词,有统一、致一、合一之意,表示道的存在层级较阴阳为高。"一"字在此非量词,一个阴和一个阳就是道,这不成话。老子讲:"道生一,一生二。"又屡称得一、抱一。《系辞传上》第十一章所谓:"《易》有太极,是生两仪。"这是《易经》思维的基本模式。道不可见,人要体悟道的运行,只能通过阴阳的互动。"用"外觅"体",永不可得;即"用"见"体","体""用"合一。

道体既立,通过阴阳互动,就会自然而然往下发展,"二生三,三生万物",或所谓"两仪生四象、四象生八卦"。这种继续生发推衍的历程,本身就是善。因之而凝铸成形的万事万物,也就有了各自的物性。

"继之者善也,成之者性也",隐含了性善观。既然承继的是善,起源当然为善,阴阳善,道善。乾卦《文言传》云:"元者,善之长也。"起源虽然为善,延流推衍仍有蒙尘堕落的可能,须加意修持,才能真正尽性成性,故而《大学》又云:"在明明德,在亲民,在止于至善。"

修行到至善不易，人对道的体悟恒受资质及学养所限，而有见仁见智的看法。"仁者见之"的"见"，若读作"现"，则有身体力行、实践表现之意。无论看法或做法，总之都受到本身条件的拘限，未必能真正掌握真理。因此，修辞上用"谓之"，不再称"之谓"。谓之仁，谓之知，颇有自以为是，以意见为真理的味道。

见仁见智，是学者囿于所闻；一般老百姓，根本还谈不上"知"。虽然不知，却没有一天不用。真理无所不在，最平常的生活事务中都含有道。《中庸》云："道也者，不可须臾离也，可离非道也。"

综前所述，可见真知力行之难。"君子之道鲜矣！"这样的结论，语气极似《中庸》："中庸其至矣乎！民鲜能久矣！""道之不行也，我知之矣！知者过之，愚者不及也。道之不明也，我知之矣！贤者过之，不肖者不及也。人莫不饮食也，鲜能知味也。""道其不行矣夫！"

两相对照，系传此章所称的君子之道，实即中庸之道。依孔子在《中庸》一书的说法，中庸是至德至善，似易而实难。所谓天下国家可均，爵禄可辞，白刃可蹈，中庸却不可能。以平常入德论，愚夫愚妇可以与知能行；及其至也，虽圣人亦有所不知，有所不能。

由此看来，一阴一阳之道，"一"字还有控制、驾驭、调和得恰到好处之意。孔子称赞大舜"执两用中"，又称颜回"择乎中庸，得一善，则拳拳服膺"，皆由此处着眼。

显仁藏用

《中庸》论道，常以"隐"和"显"对论："莫见乎隐，莫显乎微""君子之道费而隐""夫微之显，诚之不可掩如此夫""不见而章，不动而变，无为而成""暗然而日章……的然而日亡""知微之显，可与入德矣""潜虽伏矣，亦孔之昭"……

《系辞传》和《中庸》相表里，本章在叹"君子之道鲜矣"之后，也提到隐显的问题。大道无形，藏诸用，不可于"用"外觅"体"，已见前述。"显诸仁"是什么意思呢？

《易经》剥极而复，剥卦上九以"硕果不食"为象，复卦初九由六二《小象传》"休复之吉，以下仁也"，可推知有果中核仁之象。一阳初动，见天地之心，仁代表生命种子，万事万物生生不息的真机。"仁"字为"相人偶"，以"二人"取义，最基本的人际关系就是夫妻，夫妻结合就能生育子女。《中庸》云："君子之道，造端乎夫妇。"这应该就是"显诸仁"的含义。仁为核心的生机，由阴阳两性的亲密互动和合而成。道不可见，天地间处处显现的生生化化的现象，却昭示了道的存在。

"仁"字右边的二，亦可视为上一横象天、下一横象地，如此则有顶天立地的三才之意。"显诸仁"，道不可见，可见的是天地人。宇宙间星罗棋布，大地上山河险阻，生物界灵蠢动植，鸢飞鱼跃，乃至人类辉煌的文明建设，在在皆显示了造化的奇迹。《中庸》言君子之道，造端乎夫妇，接着又称："及其至也，察乎天地。"

"显诸仁，藏诸用"，生机鼓荡，造化默运，形成了三千大千世界。这一切均属自然而然的演化，并没有什么设定的目的，也不随个人的主观意志而转移，忧惧悲喜更改变不了情况。

《易经》为忧患之书，作《易》的圣人悲悯众生，先天下之忧而忧，情怀固然伟大，毕竟仍属人道。至于天道，确如荀子所言："天行有常，不为尧存，不为桀亡。"这就是"鼓万物而不与圣人同忧"。《管子》一书论形势，有云："天不变其常，地不易其则……风雨无乡，而怨怒不及也。"好一个怨怒不及！人生至苦，往往因情而生，焦焚五内，欲求不得。《系辞传》一句"不与圣人同忧"，客观冷静，不陷执着，解除多少包袱！

系辞传上 | 041

富有日新

天人之际既明，站在发扬人道的立场，不但不宜颓丧，反而更应积极进取，深悟自然进化之理，不逆势，不妄求，开出文明创造之路。本章往下语气一转，以赞叹盛德大业起，一路"之谓"到底，精神抖擞，气势绵密，真是难得的大块文章。

《易经》中"德业"二字并称，见于《系辞传》及《文言传》。乾卦《文言传》九三、九四皆言"进德修业"，九三且言"居业"，此二爻为顶天立地、承上启下的人位，也是多凶多惧之位。坤卦《文言传》六五提出通情达理、合宜授权、美之至的事业观。《系辞传》首章从"乾以易知"，推到可久的贤人之德；由"坤以简能"，推到可大的贤人之业。

"德"字从"直"从"心"又从"行"，有内得于心、外得于人之义。《说文解字》释为："升也。"升卦《大象传》云："地中生木，升，君子以顺德，积小以高大。"所谓十年树木，百年树人，下学而上达，绝非一朝一夕之事。日新之谓盛德，苟日新，日日新，又日新，自新新人，新民新邦，这种行健不息的刚强猛劲，本身就是盛德。大畜卦《大象传》云："君子以多识前言往行，以畜其德。"《彖传》且云："刚健笃实，辉光，日新其德。"

"业"字不见于卦爻辞，也不见于《彖》《象》诸传。《说文解字》释为"大版"，其义似指程功积事，如版上之刻，往往可计数。凡有所专习称"业"，事成谓之"业"。"业"又有高大惧危之意，故云兢兢业业，语出《尚书·皋陶谟》："兢兢业业，一日二日万几；无旷庶官，天工，人其代之。"

"富有之谓大业"，资源雄厚完备、足以利益众生就是大业。"富"字显然不单指财货，也包括精神心灵上的充足，所谓仁义忠信、乐善不倦，孟子称道的"天爵"亦包含在内。《论语·尧曰》篇称："周有大赉，善人是富。"人才众多，济济多士，是周之所以灭商、革命大业成功的重要资产。

《易》例阳大阴小、阳实阴虚、阳富阴不富,《易经》中最显富丽气象之卦就是火天大有。艳阳高照,无幽不烛,这象征什么呢?日光是大地上一切生命活动的来源,所谓天无私覆,绝非特定生物所可垄断。大有实即公有、大家享有、人人皆有之义。传统的易注囿于《象传》所言之"柔得尊位,大中而上下应之",以一阴拥有五阳为释,恰成独占,可谓失之毫厘,差之千里。若然,则卦名应为"有大",而非大有。同人、大有两卦相综,"同人于野"是实现大有"元亨"的前奏。《杂卦传》云:"大有,众也;同人,亲也。"同人通天下之志,必须由近及远、由亲及疏;大有顺天休命,已是远近大小若一,一切资源为公众所享有。

依前所述,大有一卦实在昭示均富的思想,除了求富之外,更重视资源的合理分配。因此,大有之后的谦卦,其《大象传》云:"君子以裒多益寡,称物平施。"积极生产,公平分配,才能保证祥和社会的建立。若有人巧取豪夺、恣意破坏这种均平原则,即可秉公权力加以制裁,此即谦卦六五爻的主旨:"不富以其邻。利用侵伐,无不利。"

若大有为众,依《杂卦传》,"小畜"即为寡。不患寡而患不均,是以小畜卦九五爻辞云:"有孚,挛如,富以其邻。"《小象传》更称:"不独富也。"富利应该共享,不宜垄断独占。前云"富"不单指财货,如此,"不独富"的意义就更深了!"不独亲其亲,不独子其子。使老有所终,壮有所用,幼有所长,鳏寡孤独废疾者皆有所养。男有分,女有归。货恶其弃于地也,不必藏于己;力恶其不出于身也,不必为己。"老有、壮有、幼有、男有、女有、废疾者皆有,这不是大有是什么?《礼运·大同》篇所揭示的天下为公的大同理念,实即《易经》同人、大有两卦的宗旨。

"大有"和"有大"不同,而《序卦传》为了说理方便,却称:"有大者,不可以盈,故受之以谦;有大而能谦,必豫,故受之以豫。"这是偏重卦序关系的说明,不可以文害义,而误解了大有一卦的真实含义。其实以卦序论,从小畜到豫的八个卦,充分体现了先秦儒家在政治、经济、社会、文化等方面的重大主张，且看《论语·季氏》篇中，孔子教训弟子冉有的话：

"丘也闻有国有家者，不患寡而患不均，不患贫而患不安；盖均无贫，和无寡，安无倾。夫如是，故远人不服，则修文德以来之！既来之，则安之！"

国家是武力造成的，小畜之前的师、比二卦已明确昭示。师卦上六爻辞云："大君有命，开国承家。"战争结束，依据胜负划定势力范围，故而比卦《大象传》称："先王以建万国，亲诸侯。"

国家既立，便面临在和平的环境中生存发展的问题，这便是小畜。小畜，寡也，资源不够，必须善用杠杆，敦亲睦邻，与邻国互惠贸易，无论强弱大小，皆不宜彼此再动干戈，故而《大象传》云："君子以懿文德。"

小畜卦后为履卦，履而泰然后安。《系辞传下》第七章称"履，和而至""履以和行"。小畜为寡，履以和行，和即无寡；小畜密云不雨，充满不安情绪，致泰卦后即不患不安。安无倾，泰、否皆有倾之象：泰卦上六"城复于隍"，否卦上九"倾否"。持盈保泰，居安思危，即可趋吉避凶。小畜卦患贫，九五"不独富""富以其邻"，均即无贫。突破的关键，在于和平共存的互信。

小畜卦九五称"有孚挛如"，六四称"有孚"，血去惕出，"无咎"。是以《礼运·大同》篇在"人不独亲其亲"之前，先强调"讲信修睦"。《论语·颜渊》篇中，子贡问政，孔子回答："足食，足兵，民信之矣。"师、比二卦讲足兵，之前的需、讼二卦讲足食，小畜卦、履卦则重视"民信之矣"。必不得已而去，可去兵去食，自古皆有死，民无信不立。不仅小畜九五、六四重有孚，需、讼二卦卦辞亦首言有孚，比卦初六称"有孚比之"，甚至强调："有孚盈缶，终来有它吉。"

《论语·子路》篇记载孔子到卫国，冉有驾车，孔子见卫国人口众多，称："庶矣哉！"然后因冉有之问，发抒庶而后富、富而后教的主张。同人于野为庶，大有为富，之后的谦、豫二卦为礼乐教化。《系辞传下》第七章称:"谦以制礼。"豫卦《大象传》则云:"先王以作乐崇德。"

《易经》除以大有一卦示富有、众有之义外,也在多处强调"有"的重要:震卦六五"无丧有事",萃、涣二卦"王假有庙",家人卦九五"王假有家"。涣卦六四"涣有丘",否卦九四"有命",豫卦上六、随卦初九"有渝",蛊卦初六"有子"。谦卦九三、坤卦六三"有终"。坎卦"行有尚",丰卦初九及节卦九五"往有尚"。艮卦六五"言有序",归妹卦九四"迟归有时",需、蹇、渐"往有功"……其他如有孚、有获、有喜、有庆、固有之等。大《易》可谓囊括万有,以"有"立教。《系辞传上》第十一章称:"《易》有太极,是生两仪。"言有言生,全面的肯定,宇宙的存在不容置疑。

至于"无"呢?无咎、无悔、无不利、无眚、群龙无首,还专设无妄一卦,阐释全真之理。大《易》崇有务实,不尚虚无。

生生不息

"富有""日新"之义既明,"生生之谓易"就好理解了。第一个"生"字有自然之义,字形像草木生出土上,日进而不已,所谓"天地之大德曰生"。第二个"生"字就有生命的自我繁衍以及人文的价值创造之义。"生"为万物资始、物之始生,如乾、坤后的屯卦之象。"生生"则有一元复始、万象更新的复卦义,甚至有"大明终始"以及"以继明照于四方"的离卦之理。以性情来分,生之谓性,"生生"则由性又衍发出喜怒哀乐之情。生命之所以能繁衍不息,不正是因为众生有情、异性相吸吗?卵生动物的有孚、胎生动物的养育所显示的亲子之情,正合生生之义。

三画卦的八卦模拟自然,为生;重卦后的六十四卦,揭示终而复始之义,为生生。八卦只是单纯静态的基本范畴,六十四卦才显现三才互动、千变万化的宇宙真相。生生之谓易，可视为易的第四个定义，和传统变易、不易、简易的三易说合观。

《大象传》人文精神浓烈，立论的依据即生生不息的重卦现象，重视上下或内外卦的互动关系。且看八纯卦的修辞表现：

> 天行健，君子以自强不息。
> 地势坤，君子以厚德载物。
> 水洊至，习坎。君子以常德行，习教事。
> 明两作，离。大人以继明照于四方。

"洊"为水相永存，有一波未平一波又起、连续不断之意。"习"是鸟数飞，不断练习才能掌握飞行的技巧。"两作""继明"，意义更为明显。乾卦不称乾，称"健"，大道无形无名；离卦不称君子，独称"大人"，昭显文明创造，与天地合其德。

> 洊雷震，君子以恐惧修省。
> 兼山艮，君子以思不出其位。
> 随风巽，君子以申命行事。
> 丽泽兑，君子以朋友讲习。

"兼"字原意为手持二禾，两者并重。艮卦讲止欲修行，内艮独善其身，外艮兼善天下，内外兼修，方为大成。"随"为"从"，紧密相接，一阵接一阵，巽卦三令五申，务期达到目的。"丽"（麗）字为二鹿相依相傍、成双成对之象。《说卦传》释"离"为"丽"，此处用于两情相悦的兑卦，却也十分合适。"洊"字既用于坎，又用于震，水波、震波皆波波相续。

乾、坤、坎、离属上经，由体起用，以明天道。故先称天、地、水、明，续言其作用：行健、势坤、洊至、两作。震、艮、巽、兑属下经，以用证体，而扬人道。故先言洊雷、兼山、随风、丽泽之作用，续称其卦名。

乾坤二卦为父母卦，一切生生之本。"乾以易知，坤以简能，乾知大始，坤作成物。"生命的发展及文明的建设，亦应善体乾坤之义，能知能行，慎始成终。

《系辞传》首章云："在天成象，在地成形，变化见矣！"先有象再成形，以做事来说，即先有理念，再在实践中逐步落实。乾以喻理，坤以况势，任何事业必须依理顺势才能成功。乾为天理，为自然法则；坤则为仿效学习，顺势推演。老子云："人法地，地法天，天法道，道法自然。""效"又是效率、效能、效果、功效的效，坤卦天马行地，最重视执行、绩效的落实。

极数知来

除了成象效法、企划与执行的基本能力外，更重要的，得由此衍生训练出预测的本事，高瞻远瞩，见微知著。"极数知来"就是占，易占预知未来的功能，自古即享大名，而其精准决策的机制与"数"有关。只要彻底研究清楚数，就能知道未来。数究竟是什么？

在《系辞传上》第九章讨论占法的内容中，出现大量的数。统括来说，有天地之数五十有五、大衍之数五十、其用四十有九之类，依数运作，十有八变即能成卦。爻的阴阳老少又分别以6、7、8、9名之。似乎这些简单的自然数之间的关系、互动，就足以模拟宇宙间一切繁复的变化。

《说卦传》有云："幽赞于神明而生蓍，参天两地而倚数。"指出蓍草占筮以数的运算为根基。"数往者顺，知来者逆，是故易逆数也。"清楚地了解过去，有助于逆料未来，而《易经》的重点就在预知未来。

《说文解字》对数的解释为："计也。"有速、密二义。"计"是言之十，计算周密，面面俱到，不仅完整精确，而且速度甚快。《孙子兵法》十三篇，首篇为《始计》，根据末篇《用间》得来的情报，就敌我双方有形无形的实力，做全面的比较，多算胜少算，少算胜无算。

依《左传·僖公十五年》记载，晋韩简有云："龟，象也；筮，数也。物生而后有象，象而后有滋，滋而后有数。"天地万物愈生愈多，人际互动由简趋繁，不经过一番统计排比，确实难以妥善料理。人生充满变量，而冥冥中似乎又有定数。我们在动手做事前，能不能先心中有数？这种亘古的迷惘和渴求，也促成了象数之学、术数易的大兴。研究《易经》固然应以义理为主，但理、气、象、数息息相关，对数的探讨不可轻忽。

"极数知来"就是占，也提醒我们：对社会上的繁多事项有清晰解读、严谨运算以及准确预测能力的所有方法，就叫作占。占法绝不仅限于某种固定的方式，大衍之法是占，《焦氏易林》、京房卦、梅花易数也可以是占。甚至易理精熟、历练老到的人，不靠占算也能预知未来。这就是孔子"不卜而已"、荀子"善易者不占"之意。占的意义很活，很宽广，不必执迷拘泥。

然而，真正完全准确地预知未来很难，不管事先做多少料算，实际进行时，往往又有差距。这时，就得根据现实的变化情况机动调整，这就是通变之谓事。《易经》卦序，豫卦之后接随卦，即明示此理。

"豫"是顺势以动，依据预测做好各种预备；"随"则是动而悦，随机应变，随时调整。豫卦《彖传》称："日月不过而四时不忒。"期望人事的预测能像日升月降、四时更迭一般精确无误。"豫之时义大矣哉！"这种预测的本领，若真达到万无一失的地步，可就太了不起了！随卦《彖传》则提醒人："天下随时，随时之义大矣哉！"天下万事万物，无时无刻不在变化，每一刹那跟前一刹那都不同。凡事预先做计划是对的，却不必奢望一切会照预定进行，必须保留弹性调整的空间。

豫卦上六爻辞云："冥豫。成有渝，无咎。"下接随卦初九："官有渝，贞吉。出门交有功。"两个"渝"字，明确昭示人机变的重要。豫极转随，势属必然，人世间所有的预测，以及对未来的规划，都可能有时而穷。《孙子·九地》篇的名言："践墨随敌，以决战争。"人生决战，有豫有随，两卦相因为用，不可偏废。

《象传》有所谓十二时卦：豫、遁、姤、旅及随，称"时义大矣哉"；颐、大过、解、革，称"时大矣哉"；坎、睽、蹇，称"时用大矣哉"。对时机时势的精确掌握以及正面、反面的灵活运用，特别重要。但严格来说，随卦又与诸卦不同，不云"随之时义"，而称"随时之义"，前者效力仅限一卦，后者则涵盖一切。

随卦重视当下、眼前的情境，随缘做主，随遇而安；豫卦向往未来，深情企划。豫尽转随，正代表随着时光流逝，未来已变成了现在。随卦之后为蛊卦，"干父之蛊"讲的是人对过去种种所应抱持的态度；换言之，现在又转成了过去。《易经》通过豫、随、蛊三卦相因，谈的正是过去、现在、未来三世；而由卦辞、卦象来看，最重视的还是代表现在的随卦。

随卦卦辞云："元亨利贞，无咎。"四德俱全，与乾卦的"天则"相符合，表示"随"为自然存在的状态。在时间历程里，其实我们真正能掌握的只是现在。逝者已矣，过去事再不可得，而未来事尚未发生，究竟会如何，只有天知道！易道崇尚无咎，随卦即云无咎。好好珍惜当下，不要动辄不满现实、怨天尤人。随卦卦象为动而悦，欢喜自在，无往而不自得。

"阴阳不测之谓神。"综合以上所有论述，本章作者下了结论。天地造化之妙，人事变革之奇，只能以不测称之。无论未来人类科技再怎么进步，也难以探索穷尽，究竟真相或不可得。二十世纪大物理学家海森堡深研物质基核，有所谓"测不准原理"：在微观世界中，我们永远无法同时测定电子的位置和动量，这并非一般测量方法上的误差，而是本质的限定与隔阂。另一位量子论大师玻尔，针对光学上诡谲的波粒二象性，提出互补理论，并有句名言："在追寻生命的和谐时，我们不可忘记在存在的戏剧中，我们自己既是观众，又是演员。"任何探测自然的方法技术，既是由人所发明，本身已是自然与人互动的产物，不可能做到绝对的客观。换言之，我们用的探测方法会决定自然向我们展现的面目，方法不同，呈现的风貌亦可能有异，但未必就是自然的究竟真相。以《易经》的术语来说，都只是象而已，是见仁见智的"谓之"，而不是"之谓"，是"as"不是"is"。我们唯一确定的，只是"一阴一阳之谓道"，只是"阴阳不测之谓神"。

玻尔的理论及名言，确实耐人寻味。众所周知，他曾选了太极图作为封爵时的徽章，《易经》相反相成的思维方式，极可能对他有所影响。人在探索自然时，既是观众，又是演员，也让人想起临、观二卦相综，在更深层次的含义。"临"是身临其境，全心投入，从初、二爻的"咸临"，到五、上爻的"知临""敦临"，不可能不受到天人交感或主观情怀的影响。"观"是冷眼旁观，冷静思考，从"童观""窥观"，提升到"观我生""观其生"，历程中亦充满了认知的盲点，要做到如天道的"四时不忒"，可谓难乎其难。临、观二卦相综，实为一体两面，同时俱现，彼此也会交互影响，而负面的影响就称为"八月之凶"。

更有意思的是，临、观二卦之前，正是象征过去、现在、未来三世的豫、随、蛊三卦。换言之，我们所有的行为和观察，都得在时间的历程中进行，不可能有超时的思考或行动，这就注定了阴阳不测，注定了永远测不准。天地造化，刹刹生新，伸足入水，已非前水！《易经》不终于既济卦，而终于未济卦，《序卦传》最后说得特别好："物不可穷也，故受之以未济终焉。"

第六章　无远弗届

夫《易》，广矣大矣！以言乎远则不御，以言乎迩则静而正，以言乎天地之间则备矣！夫乾，其静也专，其动也直，是以大生焉；夫坤，其静也翕，其动也辟，是以广生焉。广大配天地，变通配四时，阴阳之义配日月，易简之善配至德。

译文：

易象易理真是广大无边，用来探测再遥远的事象都不会有任何障碍，用来探测近处的事例如人的内心世界，也能如实呈现，用来表述天地间万事万物都没问题。乾阳之性静止时专一集聚，发动时勇往直前，所以能创生万物；坤阴之性静止时紧密闭合，发动时开拓扩张，所以能广阔包容。广大配合天地之象，变通配合四季更迭之象，阴阳之宜配合日月交辉，易简之善配合至高的德行。

致虚守静

本章延续前两章的基调，对易象易理的神妙功能推崇备至，从乾坤二卦的基本特性入手，阐发天人变化的奥秘，最后归结于《系辞传》首章所称的易简。

按传统的说法，当年伏羲画卦系仰观天象、俯察地理，累积了长期自然观察的经验，才创造了《易经》。天地玄黄，宇宙洪荒，在一切人文建设未兴的上古之时，远眺星空及山河大地，的确会让人兴起广大无边、悠悠无尽之感。李白诗："明月出天山，苍茫云海间。"杜甫诗："星垂平野阔，月涌大江流。"此情此景，遥想羲皇当年，应复如是。

科技大兴之后，现代人的宇宙观和天地观有了修正：天是什么？地是什么？空间和时间的意义又是什么？如果天是指星系星云，那真大得可观，远超过古人的想象。地若仅指人类所居的地球，其实小得可怜，称不上广大二字。若将地的意义扩充到一切凝成固态的星球，那么天又是什么？相对论告诉我们：时间和空间密切相关，时空转换与光速有关。人透过高倍率的太空望远镜往外看、往远看，其实看到的是宇宙的过去，哈勃望远镜近年来已录到一百几十亿年前的星尘旧事，已很接近开天辟地时的情景。不过，宇宙的未来还是看不到。

易象易理模拟天地，"与天地准"，"与天地相似"，天地广大无边，《易》也广大无边。用易理去讨论再远的事象，也不会有任何障碍。有占卦经验的人亦深知：易占无远弗届。可占近，可占远，可占古，可占今，不受时空距离的影响。占古欲解读历史真相，占今重预测未来。但这是如何而可能的呢？答案或许就在本章"以言乎远则不御"，可以理解；"以言乎迩则静而正"，指的是什么？又为什么"以言乎天地之间则备矣"？

孟子有云："万物皆备于我，反身而诚，乐莫大焉。强恕而行，求仁莫近焉。"孔子亦称："仁远乎哉？我欲仁，斯仁至矣！"仁为人心，同时亦见天地之心。依据本书前两章有关仁德的分析，可知孔孟此言，皆与复卦之旨相通。复的螺旋线曲进方式，既见于宇宙星云、星系的运转，亦见于生命体内基因的组成。人只要虚心体察，便可了悟天人同构、万化若一的真谛。

"以言乎迩"，用易理探究人的内心世界；"静而正"，虚静无扰才能达到止于一的意境。老子云："致虚极，守静笃。万物并作，吾以观复。夫物芸芸，各复归其根，归根曰静，是谓复命，复命曰常，知常曰明。"能复即能明，明己明物，故而"言乎远则不御，言乎迩则静而正"。

以易占而言，运思专诚、心无杂念，也是获致精确结果的要件。蒙卦卦辞："初筮告，再三渎，渎则不告，利贞。"虚静自守，正心诚意，才能突破蒙昧与迷执，而契入事理的真相。

复卦卦辞云："反复其道。"初九《小象传》："不远之复，以修身也。"无妄卦起心动念，真实不虚，卦序紧接于复卦之后，正是孟子所称"反身而诚"之意。无妄之后为大畜，《大象传》称："多识前言往行，以畜其德。"不就是"万物皆备于我"吗？《易经》卦序排比之精，意蕴之深，真是令人惊叹。

生生之门

乾坤为《易》之门，乾坤交合才有《易》之流行，往下即以动、静二相描述之。静专动直、静翕动辟，是以大生广生之理，若由男女两性交合时的生理及心理反应去想，瞬间即可了解。易象近取诸身，以明生生之义，自伏羲画卦以来，就是相当明确的传统。

"其静也专"的"专"，有专一、专精、谨守之意；亦有解释为"抟"的，如此则有环绕、盘旋、紧聚之意。孟子有云："不专心致志则不得。"老子则称："专气致柔，能如婴儿乎？"

"其动也直"的"直"，有勇往直前、理直气壮之意，也代表不矫饰、不迂曲的自然态。孔子有云："人之生也直。"静专动直，有屈有伸，有盘整有出击，极富节奏之美。

"其静也翕，其动也辟"，代表势的开阖。形势不利时，全然闭合以自保；形势通畅后，积极开拓以利他。坤卦六三"含章可贞"、六四"括囊无咎"，即"其静也翕"；六五"黄裳元吉"，畅于四支，发于事业，即"其动也辟"。

本章阐明乾坤皆有静有动，就像占法中有少阳七、老阳九以及少阴八、老阴六一样，非常合理，一般阳动阴静之说太粗泛。乾"其静也专"，专气致柔又有坤之象，阳中藏阴；"其动也直"，坤卦六二又云"直方大"，阴中蕴阳。由于阴阳互涵，动静相依，所以乾坤交合能生生不息。

广大配天地，变通配四时，"配"字值得研究。《说文解字》释"配"为："酒色也。"配酒、调酒至酒的颜色恰到好处。"配"字更早是用"妃"字，取女与己合之意，所谓"嘉偶曰配，怨偶为仇"。凡两物相对，密切互动，进而结合成一体即称"配"。丰卦初九爻辞云："遇其配主。虽旬无咎，往有尚。"《小象传》称："过旬灾也。""旬"有均意，资源丰沛不宜垄断，必须注重平均分配，否则必启争端，而酿后灾。欲建丰功伟业，也得找人搭配合作，福同享，难同当，维持彼此关系的均衡。鼎卦九二有云："我仇有疾，不我能即。"《小象传》称："终无尤也。"国家建设本宜朝野协力，却因中央与地方争权，难以和衷共济，同志反目成仇。

既称"配"，即非一物，除了期望和合生新外，仍得尊重彼此的独立性。豫卦《大象传》："先王以作乐崇德，殷荐之上帝，以配祖考。"上帝无形无相，祖考有灵有貌。二者当然不同，但在隆重的祭天大典上，却可以二者同祀，以崇德报功。同样，广大、变通、阴阳之义、易简之善，均属抽象的功能特性，与具象的天地、四时、日月、至德并不相同，但后者可以体现前者的含义，故而称"配"。

科技进步，使现代人眼界大开，不再拘囿于传统的天地观，但广大之义其实不受影响。《系辞传》原文是以乾坤谈广大，乾坤以天地取象，并非等同于天地，这点《说卦传》已解释得很清楚："乾为天，为圜，为君，为父，为玉，为金……坤为地，为母，为布，为釜……""为"并非"是"，"as"不同于"is"。至于乾坤究竟是什么？《说卦传》的回答为："乾，健也；坤，顺也。"健、顺只是两种功能或势用，配合得宜，可以开出三千大千世界，细若微尘，广如星海，皆乾坤拓延之功。

若依熊十力先生见解，乾为生命、心灵之总名，坤为物质、能力之总名，则乾坤合德，实有心物合一之义。广大配天地，天地属宇宙论，广大由乾坤互动而生，则具存有论的色彩。

变通配四时，《易经》尚变，变的目的是通。古代农业社会最重视春、夏、秋、冬四季的变化，变易中又呈现不易的规律。革卦《象传》称："天地革而四时成。"节卦《象传》称："天地节而四时成。"恒卦《象传》称："四时变化而能久成。"豫卦、观卦之《象传》皆言"四时不忒"。乾卦《文言传》推崇大人为"与四时合其序"。

阴阳之义配日月，日本身发光，月借日光，日似阳之义，月似阴之义。《文言传》称大人"与日月合其明"；离卦《象传》称"日月丽乎天"。恒卦《象传》则云："日月得天而能久照。"

易简之善配至德，《系辞传》首章专论易简，结尾云："易简而天下之理得矣！天下之理得，而成位乎其中矣！""至德"即中庸之德，见《论语·雍也》篇："中庸之为德也，其至矣乎，民鲜久矣！""易简之善"是指什么呢？为什么说"配至德"？

《中庸》有云："苟不至德，至道不凝焉。""凝"即具体实现，结合为一，正与"配"之义相当。"至德"凝"至道"，"易简之善"即为"至道"。

第七章　究竟涅槃

子曰："《易》其至矣乎！"夫《易》，圣人所以崇德而广业也。知崇礼卑，崇效天，卑法地，天地设位，而《易》行乎其中矣！成性存存，道义之门。

译文：

孔子赞叹说："《易》真是达到了最高的境界吧！"《易》是古代圣人用来内修德性、外拓事业的伟大经典。智慧极尽高明，行礼则须谦卑，高明象天，谦卑如地，一旦卦象模拟布设了天高地卑的位置后，生生不息的变化便于其中运行。习《易》者当体悟其间妙用，存养精进，成就自性，天道人事的无上智慧皆由此出，皆由此入。

天高地厚

《系辞传》中记有许多孔子的言论，显为孔门后学追述，本章是第一处。以"至"字来表达钦仰赞叹之情，屡见于儒家的著述："盛德大业至矣哉"，"易简之善配至德"，"苟不至德，至道不凝焉"，"在止于至善"；"至诚如神"，"至诚无息"，孔子被尊称为"至圣"。《中庸》最后一个字即"至",所描绘的境界为:"上天之载,无声无臭。"而其记述孔子的慨叹"中庸其至矣乎!",修辞语气和本章全同。依此看,在夫子心目中,易和中庸几乎可视为一事。《系辞传》首章结尾所云:"易简而天下之理得矣!天下之理得,而成位乎其中矣!"亦为佐证。自古即称《中庸》为"小易经",与大《易》相表里,确非虚言。

上章论易简之善配至德,易为至道,必须通过人的实践凝为至德,才对人生发挥功效,所以往下即谈崇德而广业。《易传》德业并称,已见前述"进德修业""盛德大业"。"崇"为积土而成高山,"崇德"表示盛德非一日可致,须日新又新,方克有成。"崇德"是内圣功夫,"广业"是外王事业。"崇德而广业","而"作"能"讲,内圣功深即能外王通达。《易经》卦序,复卦之后为无妄卦,无妄之后为大畜卦,已充分说明此义。

"知崇礼卑",分别以天高地厚取象,来阐明修行的标准和理想。"知"非仅指知识和智能,而是指人与生俱来的良知,"乾知大始""乾以易知"的"知"。"崇德"实即"致良知""明明德",累劫修行至"止于至善",就是天人合一的知崇境界。"礼"为人群社会互动的规范,防止各为己私而起纷争,须切近人情而订立,以养成人人谦卑守礼的习惯。乾以自强,坤以容物,乾坤合德,大业于斯开展。

《中庸》云:"致广大而尽精微,极高明而道中庸。"此亦知崇礼卑之旨。大《易》临、观二卦,一体相综。临卦二阳在下,临人临事,务切实际;观卦二阳在上,思想观念极尽高明。"临"虽务实,不废思维,《大象传》云:"教思无穷。""观"虽精深,重视通俗,《大象传》云:"省方观民设教。"知崇礼卑,其实是配套的修为,相须成体,不可偏废。

"天地设位"的"设"字,用得绝好,和《说卦传》的"天地定位"不同。"设"有预设、假设、暂时设置之意,并非绝对不可更改。效天法地,只是设,只是象,达意就好,不必执着拘泥。易行乎其中,有天有地就有互动,就产生变化。"中"既指天地之中,又有时中之道的含义。《左传·成公十三年》称:"民受天地之中以生。"《易》卦以三、四爻居中,

系辞传上 | 057

为人位。易行乎其中，实指人的作为，正是前面说的崇德广业。

"至"字依《说文解字》的解释，为"鸟飞从高下至地"，恰有从天至地、行乎天地之中之象。"易其至矣乎！"易行乎其中，用字像喻理，真是生动。

功德圆满

《中庸》云："成己，仁也；成物，知也；性之德也，合外内之道也，故时措之宜也。"仁与知是天生的德性，不假外求，称为性之德。成己成物，己立立人，己达达人，即为成性，《中庸》亦称为尽性。"存存"有永恒相，指不断的存养功夫，亦指成性的效果，悠久无疆，历劫不毁。

"存"字和"在"字不同，皆从"才"，"存"重"子"，"在"重"土"。重"土"表示当下眼前，强调现场感和真实性，如"在明明德""在亲民""在止于至善"，或如乾卦的"见龙在田""或跃在渊""飞龙在天"。重"子"则放眼未来，企盼永续不绝，如《春秋》所称"存三统"、浩气长存，或如孟子所称的"所过者化，所存者神"。

"成性存存"，得存而又存，以免堕落，可见修为之难。《大学》所谓"苟日新，日日新，又日新。"乾卦则称自强不息，九三《小象传》称："终日乾乾，反复道也。"

道义之门的说法很有趣，门是出入所必经的，《系辞传》本身也有"乾坤为易之门"的说法。同人卦初九"出门同人"，明夷卦六四"于出门庭"，节卦九二《小象传》"不出门庭，凶，失时极也"，似乎皆鼓励往外拓展。当然，出必以先入为前提。家人卦初九："闲有家，悔亡。"即有抬高门槛、森严门禁之意。《说卦传》称"艮"有门阙之象，"艮"为止欲修行，以化解人生险阻。观卦有大艮之象，外观世相，内彻心源，更是修行悟道的不二法门。老子说："玄之又玄，众妙之门。"又说："谷神不死，是谓玄牝；玄牝之门，是谓天地根。绵绵若存，用之不勤。"

"道"指天道，自然本具的规律；"义"指人事之宜，为所当为的判准。道义之门，一切天道人事的真理和智慧皆由此入，皆由此出。成性存存，一旦成就自性，功德圆满，即可参赞天地之化育，产生永恒的影响。六祖惠能在广东南华寺所遗留的真身，历时一千三百年不灭，轻敲还作铜器声响，比起那些到处塑铜像以期不朽的枭雄人物，孰真孰幻？孰智孰痴？思之令人嗟叹不已。

孟子论浩然之气，有云："其为气也，至大至刚，以直养而无害，则塞于天地之间；其为气也，配义与道，无是，馁也。是集义所生者，非义袭而取之也。行有不慊于心，则馁矣！"此段发挥精义甚多，足与本章之旨相参。

至大至刚之气，充塞于天地之间，正是"天地设位，而易行乎其中"。配义与道，无是，馁矣，实即"成性存存，道义之门"。"直养而无害"，"人之生也直"，乾"其动也直"。坤卦六二爻辞云："直方大。"《文言传》称："直其正也。"各正性命，乃乾道变化所致，止于一为正。《文言传》称："方其义也。"由自然之道出发，行人事之宜，遂能"不习无不利"。不受习染所污，嗜欲浅而天机深。人皆有情，情若习气横发，不受性的节制，必然生害。咸卦为下经论情之首，六二《小象传》即云："顺不害也。"顺性纯情，才免纵情之害。九四"憧憧往来"，魂不守舍，须正心诚意，方得悔亡。《小象传》称："未感害也。"

"行有不慊于心，则气馁"，"慊"为快足之意。情由心生，心不快足，情必难安。旅卦九四："得其资斧，我心不快。"有钱、有武力，仍不快足，难以安心立命。艮卦六二爻辞云"不拯其随，其心不快"，九三云"艮其限，列其夤，厉熏心"，皆为止欲修行中艰苦的试炼。

孟子主张"不得于心，勿求于气"。依《易》卦来说，欲得于心，必得反复其道，七日来复。复其见天地之心乎！复卦之后为无妄、大畜。无妄卦保其固有，不假外求。大畜卦《大象传》称："多识前言往行，以

系辞传上 | 059

畜其德。"二卦主旨，正是孟子所称"集义所生者，非义袭而取之也"。知言养气做到了，即进入修养功深的颐卦，自养养人，养正则吉。"颐"为养生，"大过"为丧死，只要修炼得浩气长存，养生丧死无憾。大过卦之后为坎卦，习气业障，永世沉沦；坎卦之后为离卦，大人以继明照于四方。孟子称"所恶有甚于死者"，即"坎"；"所好有甚于生者"，即"离"。一旦突破了生死存亡的自然限制，即进入薪尽火传、永垂不朽的文明境界。本章所称的"成性存存，道义之门"，乾卦《象传》所谓的"大明终始，六位时成"，实即指此。

第八章　敬慎不败

圣人有以见天下之赜，而拟诸其形容，象其物宜，是故谓之象。圣人有以见天下之动，而观其会通，以行其典礼，系辞焉以断其吉凶，是故谓之爻。言天下之至赜而不可恶也，言天下之至动而不可乱也。拟之而后言，议之而后动，拟议以成其变化。

"鸣鹤在阴，其子和之；我有好爵，吾与尔靡之。"子曰："君子居其室，出其言善，则千里之外应之，况其迩者乎？居其室，出其言不善，则千里之外违之，况其迩者乎？言出乎身，加乎民。行发乎迩，见乎远。言行，君子之枢机，枢机之发，荣辱之主也。言行，君子之所以动天地也，可不慎乎？"

"同人，先号咷而后笑。"子曰："君子之道，或出或处，或默或语。二人同心，其利断金，同心之言，其臭如兰。"

"初六，藉用白茅，无咎。"子曰："苟错诸地而可矣！藉之用茅，何咎之有？慎之至也。夫茅之为物薄，而用可重也。慎斯术也以往，其无所失矣！"

"劳谦，君子有终，吉。"子曰："劳而不伐，有功而不德，厚之至也，语以其功下人者也。德言盛，礼言恭，谦也者，致恭以存其位者也。"

"亢龙有悔。"子曰："贵而无位，高而无民，贤人在下位而无辅，是以动而有悔也。"

"不出户庭，无咎。"子曰："乱之所生也，则言语以为阶。君不密则失臣，臣不密则失身，几事不密则害成。是以君子慎密而不出也。"

子曰："作《易》者，其知盗乎？《易》曰：'负且乘，致寇至。'负也者，小人之事也；乘也者，君子之器也。小人而乘君子之器，盗思夺之矣；上慢下暴，盗思伐之矣。慢藏诲盗，冶容诲淫。《易》曰：'负且乘，致寇至。'盗之招也。"

译文：

圣人观察全天下种种复杂幽深的现象，以易的卦爻符号比拟其形态和样貌，抓住其神韵与节奏，呈现出事物的真相，所以称作卦象。圣人观察天下的种种变动，研究出因应的共通规律，复系之以辞，而断定它的吉凶，所以称作爻辞。表述天下最复杂幽深的现象，教人冷静面对、不可厌烦，描绘天下最易变动的事态而一丝不乱，一切比拟恰当了才陈述，商议周全了才采取行动，依此思考行事，必获成功。

中孚卦九二爻辞称："母鹤在山阴处鸣叫，小鹤欣然应和。我有一壶美酒，想跟你分享。"孔子称："君子住在家里发表好的言论，千里之外都会起共鸣而呼应，近处更不用说。住在家里发表不好的言论，千里之外都不会接受，近处更是如此。言论从自身发出，影响施加于民众，行为由近处发出，必然影响到远处，一言一行就像君子门户开阖的枢纽，一旦发动，或受光荣，或取羞辱。君子的言行会打动天地，能不谨言慎行吗？"

同人卦九五爻辞称："与人和同，先痛哭悲泣，最后破涕为笑。"孔子称："君子处世之道，或出来任事，或安居静处，或沉默或说话。两人若真同心交往，其力量就像锋利的宝剑一般削铁如泥，所说出来的话如兰花般清香。"

大过卦初六爻辞称："用洁白的茅草铺在地上承放东西，没有过咎。"

孔子称："其实直接放到地上就可以了！先铺上白茅草再放东西，还有什么咎害呢？真是敬慎到了极点。白茅草只是个微薄的东西，却可以发挥重大的作用。人若能慎持这种方法去奋斗，永远都不会失败。"

谦卦九三爻辞称："对社会有大功劳的君子谦让不居，如此必有后福而获吉祥。"孔子称："勤劳任事而不夸耀，成事有功却不自以为德，真是厚道到了极点。不居功还甘居人下，德行盛大，谦恭有礼。所谓谦德，就是将恭敬的精神发挥到极致，这样才能永远保持其地位。"

乾卦上九爻辞称："龙飞得过高，直往不返，人居高位，恋栈不退，必为群众厌弃而生悔恨。"孔子称："这是说上九已离开岗位，身份尊贵，无有职位，资历虽高却无人跟随，就算有些贤能的旧属也帮不上忙，若执意行动，必会悔恨。"

节卦初九爻辞称："不跨出家中户庭，没有咎害。"孔子称："人生许多祸乱，皆由出言不慎所致。君主口风不密，会失去臣子的信任；臣子不守密，甚至可能有杀身之祸。事情的机密一旦泄漏，一定会带来失败，所以君子做事绝对谨慎周密，守口如瓶。"

孔子称："《易》的作者很知道盗窃的根由吧？解卦六三爻辞称：'背着沉重的包袱乘坐大车，会引得敌寇前来抢夺，这样干前景不妙。'古代社会普通人背着包袱在路上走，做官的才有车坐，坐上车还背着包袱不放下，显然角色错乱不称职，只有普通人的才具却窃据高位，当然就有外敌想把他拉下来。组织里居上位的人轻忽傲慢，在下位的狂暴无礼，外敌就想伺机攻伐。这就好比财物不谨慎管理，打扮过于招摇，容易引来盗匪侵害。完全是自招其祸，不能怪别人。《易》称：'背着沉重的包袱乘坐大车，会引得敌寇前来抢夺。'就是这个缘故啊！"

拟议成变

本章选录了七个爻，全为孔子的教学心得，以证成首段有关象和爻的理论。《系辞传下》第五章还引用了十一个爻，但未有前言；《系辞传上》末章有一爻，多半为错简。今本《系辞传》共引录了孔子对十九个爻的看法，皆精湛扼要，发人深省。《系辞传》应为孔门后学所作，设想若将孔子当年所有的解说尽皆录存，当是多大的功德？《帛书易》出土，其《易之义》《二三子问》等传文中，又出现不少孔子对爻辞的解释。除乾坤各爻不及《文言传》所释精密外，也约有十爻尚属新见，未与今本《系辞传》重复，但意境皆不高。看来，今本《系辞传》所录还是经过锤炼、拣选的，系孔子晚年思想成熟后的产物，值得后人一再品味和深悟。

"赜"字为复杂幽深之意。天下事形形色色、无奇不有，很难以简单的理论去概括说明。《易经》的作者发明了惟妙惟肖的卦象，去比拟其形态和样貌，抓住其神韵与节奏，恰如其分地呈现出事实真相。天下事变动万端，息息相关，不易料理周全。《易经》的作者却能以积爻成卦的原理，仿真其互动，研究出共通的法则，并以精简的爻辞判断吉凶。

卦代表宏观的整体情境，总呈现相对稳定的状态。爻则凸显微观的个体意向，可能千变万化。"天下之赜"，《易经》分类为六十四卦，已经颇为详尽。天下之动，牵涉太广，可就不只是三百八十四爻了！每一卦通过单爻至六爻变，均可变成另外六十三卦，依《焦氏易林》的说法，可有四千零九十六种变化类型。"观其会通"，"会通"即变动时各种意向及力量的会聚，其总合效果为何，必须深入观察研究。"行其典礼"，"典礼"即常道常法，观察透彻后所得出的结论，化为行动准则，便能趋吉避凶。

观而后行，决不在情况未明时轻举妄动，故言不可恶、不可乱。人在面临复杂情势时，千头万绪不得其解，最容易起厌烦心，忧惧不可终日。易理的思维训练，确可造就人平和心气、冷静观察的功夫。《杂卦传》

云:"蒙,杂而著。""而"即"能",再混沌不清的情况,也能彻底弄明白,其关键即在心思的专注无扰。蒙卦卦辞所称:"初筮告,再三渎,渎则不告,利贞。"心思烦渎厌恶,占卦也得不出标准答案。"不可恶",才能"言天下之至赜"。

观察清楚后,并非就可立即行动。必须先确保本身安全,立于不败之地,然后等待最恰当的时机出手,一举成功,且无任何后遗症。这就需要一套拟议的功夫,集思广益,计出万全。例如,解卦是要解决难题,卦爻辞即教导人沉着冷静,先不做任何反应,待深入了解问题症结后,再暗中部署,慢慢解套,取得绝对优势,最后瓜熟蒂落,水到渠成。其卦辞云:"利西南。无所往,其来复吉。有攸往,夙吉。"致虚守静,顺势用柔,从无所往到有攸往,秩序井然,一丝不乱。

再如夬卦,五阳决一阴,实力悬殊,似操必胜之券。而卦爻辞的旨意,仍不主张立刻行动,而是先召开内部会议,消弭矛盾,建立共识,再全力出击。卦辞所称:"扬于王庭,孚号有厉,告自邑,不利即戎,利有攸往。"可谓人生做重大决策的极佳范例。"拟之而后言,议之而后动",无论居劣势或优势,都别打没把握的仗。"拟议以成其变化",人事兴革曰变,天道转移曰化,由于思虑周密,行动审慎,在"至赜""至动"的形势下,终获成功。

人道精神

"鸣鹤在阴"是中孚卦九二的爻辞,意境极美,音韵节奏有《诗经》的风情。爻位当山下泽中,在阴而不在阳,在野而不在朝,故孔子以居其室喻之。称"鸣鹤",不称鹤鸣,也是修辞的艺术,由于在阴不明显,所以旁人先听到鸣声,觉得好听,再仔细一看,原来是鹤。"其子和之,"一鸣一和,亲子之间最自然的交流,洋溢着感动,这也正是"中孚"二字的本义，诚于中，形于外，与生俱来，不学而能。

"爵"是酒器，多制成鸟的造型，好爵表示装有美酒。"靡"有望风披靡、倾心醉倒之意。我有美酒，愿意与知音共享同醉。中孚卦上巽为风，下兑成悦，正是闻其风而悦之、法喜均沾之象。孔子称，出其言善，则千里之外应之，况其近者乎？善言感人，近悦远来，真理不会寂寞。出其言不善，则远近皆违，任谁也不接受。由言推到行，自然也是如此。

尤其是那些负社会清望或居高位、领导群众的人，一言一行动见观瞻，影响重大，更得谨言慎行，以免造成负面示范。"枢"是门枢、户枢，控制门户的开阖，稍一旋动，即造成截然不同的结果。"机"如弩箭发射之机，一旦击发，再难挽回。君子之言行就像枢机之发，发而中节，远近响应；发而失当，自取败辱。言行能动天地，改变周遭的大环境，必须慎之又慎，拟议再拟议。

"先号咷而后笑"为同人卦九五爻辞，后面还有"大师克相遇"的补述。九五和六二中正相应与，实属天造地设的绝配。却因九三图谋染指、九四骑墙观望，横生枝节，还是靠坚强的实力震慑，终获结合。先号咷痛哭，后破涕为笑，历经艰辛考验才达到目的，可见"同人"不易。

旅卦上九爻辞有云："旅人先笑后号咷。"过程和结果与同人卦九五正相反。依《杂卦传》所释："同人，亲也……亲寡，旅也。""同人"亲爱精诚，主张四海之内皆兄弟，突破族群藩篱；"旅"则异域漂泊，难以落地生根。先笑后号咷，真是难堪的流浪者之歌。

"同人"究竟同什么呢？孔子明确告诉我们，在于同心，所谓人同此心，心同此理，这已超越了外在言行的层次。只要同心同德，其利足以断金，出处语默都不影响彼此的信念和情谊。二人同心所说出来的话，有如兰花般清香。

咸卦《象传》云："天地感，而万物化生；圣人感人心，而天下和平。"人心共同的企盼就是没有战争，永享和平。孟子所谓："不嗜杀人者能一之。"又称："天下莫不与也。"说的正是同人、大有之义。二卦卦名贯串起来，不就是大同吗？咸卦为下经之首，详论人道之前，先揭橥天下和平的大义，可谓用意深远。

同样，上经第一卦乾卦明天道，《彖传》结语为："万国咸宁。"又言："云行雨施，品物流形。"皆为倡导和平、共存共荣之义。但理想归理想，第二卦坤言地势，就有迷失的可能。上六阴阳相抗，"龙战于野，其血玄黄"，又成残杀惨烈之局。"野"若象征广大荒远的人迹罕至之处，"龙战于野"即为世界大战之象，生灵涂炭，无一幸免。同人卦倡言"同人于野"，希望通过族群融合，唤醒人的良知，缔造世界和平。

然而和平非一蹴可几，在族群矛盾未彻底化解以前，仍不得废弛武备，故而同人卦九五仍有"大师克"之象。先号咷而后笑，王道乐土的建立，恐怕还须经过霸道"尊王攘夷"的历程。

出生入死

"藉用白茅"为大过卦初六爻辞，用白色的茅草铺在地上，就可不受咎责，这是什么意思呢？孔子说，直接把东西放在地上就好了，体贴的人还懂得先铺上白茅草，再放东西，真是敬慎周到之至，必能赢得他人的好感。茅草路边就有，不是什么贵重难求之物，就地取材，却能发挥极大的作用。人若能慎持这种方法去奋斗，永远也不会失败。

大过卦为极度凶险、濒于崩灭之卦，与其灭顶于终，不如慎之于早。初爻谨小慎微，周到防护，其意不难理解，但白茅铺地，上面究竟要放什么东西呢？不仅经文未提，孔子也没讲清楚。旧注多以放祭祀用的供品释之，揆诸卦象卦理，也说得通。"大过"为非常时期，宜有权变措施，下巽有闻风而伏之象。人在急难当头、负荷不了之时，常有呼天抢地之举，借着祭拜的仪式而获心安。荒郊野外，临时有此需要，既无庙堂香案，只能拔路旁的茅草，扫扫地面，权充供桌了。然而，经文原意真是如此吗？

《诗经·召南·野有死麕》全文:"野有死麕,白茅包之;有女怀春,吉士诱之。林有朴樕,野有死鹿;白茅纯束,有女如玉。舒而脱脱兮,无感我帨兮,无使尨也吠。"这首诗明写青年男女野合之事,白茅的意象一再出现,垫在地上的白茅,可是情郎急欲之际仍体贴所致?果能如此,自然能讨少女欢心。大过卦上兑下巽,有入而后悦之象;初六爻变成夬卦,"刚决柔","不利即戎,利有攸往"。《小象传》云:"柔在下也。"明显说的是初六顺承九二,而九二爻辞称:"老夫得其女妻,无不利。"《小象传》云:"过以相与也。"情色之象昭著。

其实,大过卦六爻皆涉男女欢爱之事,有的明显,有的隐晦。九五"老妇得其士夫",年龄相差悬殊,非常之恋自不必说。上六"过涉灭顶",凶而无咎,实即纵欲过度。其爻变为姤卦,卦辞称:"女壮,勿用取女。"不遵此戒,依卦序由大过卦入坎卦矣!

三、四两爻为人位。九三过刚,"栋桡凶";九四以柔济刚,"栋隆吉"。"栋"是什么?若彻底了悟大过一卦,有纵欲伤身及死里求生的深意,则可知"栋"实为生机所在,为人道的象征,也就是阳根。"栋桡"难行人道,"栋隆"才可阴阳和合。九三爻变为困卦,泽无水,阴阳难谐;九四爻变成升卦,地泉源源而出矣!

大过一卦为何尽言男女之事?颐卦言养生,大过卦言丧死,皆为孟子所看重的人生大事,养生丧死无憾,才是王道之始。养生首重饮食,颐卦以灵龟和猛虎为喻,阐明食物链中的供需生态,大快朵颐,其欲逐逐,描绘生与食的关系,至为深刻。丧死则饮食已无能为力,只有男女交合,生育下一代,才有延续精神生命的意义。故而大过卦颠鸾倒凤,"枯阳生花""枯杨生稊",爱与死的纠缠,令人惊叹。

谨言慎行

"劳谦"为谦卦九三爻辞,有实力而止之于下,谦让不争,能有最好的结果。谦卦卦辞云："亨，君子有终。"和爻辞同调，可见九三为全卦宗旨所在。

"谦"为言之兼，发言必兼顾多方立场及感受，故能赢得他人好感，化解许多无谓的冲突。"伐"是夸耀、自我膨胀，最易令人反感。颜渊所谓："愿无伐善，无施劳。"辛勤做事，却不夸大自己的劳苦；成事有功，却不自以为德。这才是厚道到了极点，不居功还甘居人下。功德盛大，待人谦恭有礼，谦卦的要旨正是将恭敬的精神发挥到极致，只有这样，才能永远保持其地位。

谦为全《易》中极好的卦，卦爻无一不吉，除孔子特别推重外，《老子》五千言亦无处不表彰谦的精神。"生而不有，为而不恃，长而不宰。""功成而弗居，夫唯弗居，是以不去。""不自伐，故有功；不自矜，故长。夫唯不争，故天下莫能与之争。"儒道两家最具有原创性的思想，在此有了交会点。

九三爻变成坤卦，厚德载物，乃终有庆，至哉坤元，万物资生。孔子称劳"谦"为"厚之至"，确实允当。坤卦六三爻变为谦卦，其爻辞云："含章可贞。或从王事，无成有终。"无成才能有终，劳而能谦，是人生最上乘的智慧。

"亢龙有悔"为乾卦上九爻辞，姿态过高，刚愎自用，和谦卦的低调正相反，必生咎悔。劳谦"存其位"，亢龙却"贵而无位"。劳谦万民服，亢龙"高而无民"，下有贤人也说不上话、帮不上忙。这种自绝于群众的做法，当然"动而有悔"。孔子此处的解释和《文言传》的解释完全相同，一字不差。满招损，谦受益，物忌盛满，盛满则易从"飞龙"走上"亢龙"之路，古今中外葬送了多少枭雄。

"不出户庭"为节卦初九爻辞，前有九二挡道，潜龙之位不得妄动，须特别节制才能无咎。人生许多祸乱，皆由出言不慎所致。君主口风不密，会失去臣子的信任；臣子不守密，甚至可能有杀身之祸。事情的机密一旦泄露，一定会带来失败，所以有智慧的人做事，绝对谨慎周密，守口如瓶。初九爻变成坎卦，正成泄底之象，原本泽上有水，遂泛滥成灾矣！《小象传》云："不出户庭，知通塞也。"当通时通，当塞时塞，而节之初九乃当塞之时。

"负且乘"为解卦六三爻辞，背着沉重的包袱坐车，不懂得将包袱放下，实在不知变通，不合时宜。"致寇至"，这样冥顽不灵的人必有弱点，会引起外敌觊觎入侵。解卦的主旨是要放下包袱，寻求和解。六三执着太甚，反而引发了战机。冤家宜解不宜结，人间多少纷争与憾事，即由"负且乘"而生。爻辞尚有"贞吝"二字，固守过时的包袱以行事，自以为正，路子却愈走愈窄。《小象传》云："负且乘，亦可丑也；自我致戎，又谁咎也？"严厉批判，毫不同情。

孔子由此爻阐发人间寇盗之事的由来，认为《易经》的作者深知此理。古代社会阶级森严，普通人背着包袱在路上走，做官的才有车坐。又背包袱又坐车，显然角色错乱。普通人而居高位，表现无法称职，当然就有外敌想把他拉下来。一个团体里，居上位的人轻忽傲慢，在下位的人狂暴无礼，贻人可乘之机。这就像看守仓库的人失职，引诱强盗去抢，完全咎责在己，不能怨人。

以上七爻皆提醒人谨言慎行，正合拟议而后言动之意。中孚卦九二云"可不慎乎"，大过卦初六云"慎斯术也以往"，节卦初九云"慎密而不出"。真心为"慎"，人对真正关怀的对象，一定敬慎护持，设想周到。中孚卦的亲子情怀，同人卦的金兰之义，乃至大过卦的非常男女，都是一片真情流露。人应谦和处世，勿骄勿慢，勿妄言生乱，勿背过时的包袱以生仇怨，致罹寇灾。

第九章　神机妙算

天一地二，天三地四，天五地六，天七地八，天九地十。天数五，地数五，五位相得而各有合。天数二十有五，地数三十，凡天地之数五十有五，此所以成变化而行鬼神也。

大衍之数五十，其用四十有九。分而为二以象两，挂一以象三，揲之以四以象四时，归奇于扐以象闰，五岁再闰，故再扐而后挂。

乾之策二百一十有六，坤之策百四十有四，凡三百有六十，当期之日。二篇之策，万有一千五百二十，当万物之数也。

是故四营而成易，十有八变而成卦。八卦而小成，引而伸之，触类而长之，天下之能事毕矣！显道神德行，是故可与酬酢，可与佑神矣！子曰："知变化之道者，其知神之所为乎？"

译文：

天数奇，一三五七九，地数偶，二四六八十。天地之数各五，一配二、三配四、五配六、七配八、九配十，皆能谐和。五个天数相加为二十五，五个地数相加为三十，天地之数总和为五十五，这就是以易数象征变化神机妙算的道理。

大衍之数用于蓍占，共五十根蓍草，演算时只用到四十九根，一根不用象征太极。将四十九根任意分为两份，象征天地两仪；从右半边取出一根，象征三才中的人位，挂于左手小指尖，然后每四根四根一数象征四季的更迭，所余一到四根则夹在左手无名指间，以象征闰月。历法每五年一闰，所以再将左半边直接每四根一数，将所余一到四根夹在左手中指间。如此完成一次变化，左右两边都是四的倍数，再将之合并，往下依据上述操作程序分二、挂一、揲四、归奇，进行第二次变化，总共三次变化，决定一个爻的阴阳老少。最后剩下四根一数的九堆为老阳，八堆为少阴，六堆为老阴，七堆为少阳。老可变，阳极转阴，或阴极转阳，少则不变。

一根蓍草称一策，乾卦六爻皆阳，六乘四乘九为二百一十六策，坤卦六爻皆阴，六乘四乘六为一百四十四策，二者之和为三百六十策，约当一年三百六十天之数。全《易》上下篇以三百六十乘三十二计，共一万一千五百二十策，相当于万物之数。

所以分二、挂一、揲四、归奇四道操作程序决定一次变化，三变决定一爻，十八次变化决定一卦。这只是小成，往下还要考虑更繁复的几爻变与引发卦变的问题，就得引申其义，触类旁通，做出最后的综合判断，天下所有的复杂变化都可以精确估算。一旦练达贯通，可以彰显真理、提升德行，便能在人际间应对裕如，甚至进一步丰富而改造自然。孔子称："人一旦彻底了解天地间变化的道理，就知道无方无体的神的所作所为了吧？"

天地大衍

本章阐述占筮之法，除操作程序外，亦略及其理论基础和发挥运用，使上古占法得以流传于世，是非常宝贵的一篇文献。然而新出土的《帛书易传》却没有这章，颇耐人寻味。本章的内容自古亦多争议，迄今仍难有定论。易占为易学中特具魅力的领域，习占用占者众，而占卦的理论机制为何，因为什么可料事如神，却没有人真正说得上来。

"天地之数五十有五"，"大衍之数五十"，其中的差数五是什么意思？单单这个问题，就把人难倒了。旧说中各种讲法都不惬人意，有硬掰的意味。有人说，五十五没法算，五十减一成四十九后，依法才可得出揲四以后的六、七、八、九之数，这未免倒果为因。又有人主张，"大衍之数"就是天地之数，五十后面脱文"有五"二字，如此一来，演算时就不是虚一不用，而是虚六不用了。虚六有何意义？除了与一卦周流六虚的爻位相合外，也找不出其他圆融的说法。

我想，既然名称相异，又缺乏确凿证据，实不宜将二数混同。天地之数出乎自然，由一到十的自然数，分奇偶阴阳所合成；大衍之数则有人为的设计，本于天地之数而有所裁量。泰卦《大象传》云："天地交，泰，后以裁成天地之道，辅相天地之宜，以左右民。"《尚书·皋陶谟》称："兢兢业业，一日二日万几；无旷庶官，天工，人其代之。"大衍之数的占法，明显和记录四时变化的历法有关。历法的制定是顺天应人而成的，故革卦《大象传》云："君子以治历明时。"革卦人革天命，最标榜人事的积极主动性。自然天时的运转有岁差，人的历法以置闰校正之。实在来说，大衍之法中，虚一不用以象太极，分而为二，以象天地或两仪，挂一以象天地人三才，揲四以象四时，是以太极为基础、非常完整的天地人时的模拟循环，亦合乎老子所称"道生一，一生二，二生三，三生万物"的发展顺序。尤其不可忽略"挂一以象三"，显示人在全局中的关键地位。大衍之数和纯自然的天地之数应有不同。

"衍"字为水之行，有水朝宗于海之象，江河九曲，终向东流，顺势用柔，跻于成功。《系辞传上》第四章所称"旁行而不流""范围天地之化而不过，曲成万物而不遗"，"衍"字皆有其义。自然界物种的演化，社会中人事的兴革，乃至人内心中意念的起没，皆可知机因势而推演出，故曰大衍。孔子赞叹："唯天为大，唯尧则之。"人懂得取法天道，便能

系辞传上 | 073

自成其大。老子则称："人法地，地法天，天法道，道法自然。"老子又云："道大，天大，地大，王亦大。域中有四大，而王居其一焉。"大衍云云，实为天人参合之后的产物。

"揲"字，《说文解字》释为："阅持也。"阅为更迭数之，既得其数而持之，即为揲。"扐"字本义应为两指之间，引申代表揲四后的余数。分而为二的动作很随机，无法主观操控，却几乎已决定一变的最后结果。挂一以象三，依自古流传的筮法，习惯自分二后的右半边取策，而非左半边，往后十八变皆然。若自始至终都从左边取策呢？确实有可能出现不同的结果，这代表什么意义呢？挂一有方向性，并非左右均衡？一般看手相有男左女右的说法，难道占法也有？挂一既象征三才中的人位，人即分男女，古代多为男人问占，所以皆从右边取策吗？这些问题恐怕都还有待解决。

乾之策、坤之策，乃至上下经二篇之策的计数，一年三百六十日，一万出头当万物之数云云，实在意义不大。占法和历数有关，但为何这样设计？又钻研不出头绪，倒是在实占经验中，不少卦例能精确地预示，如十二消息卦等。易占的玄妙机制，真是令人魅惑。

分二、挂一、揲四、归奇，四道操作程序决定一变，三变定一爻，十八变成一卦。大衍占法通常十分钟内可得出一卦，比起后世流行的金钱卦要繁复，但透显出的信息往往丰富而深刻。理论上，占法可计算机程序化，分二的部分以随机数处理即可，如此，按键数秒钟即可得出答案。就我所知，已有不少人做此尝试，但似乎应用未臻完善，不知问题出在哪里。

爻变卦变

成卦之后，接着要考虑可能变卦的问题。卦的变化自然由爻的变化而生，整体环境的变动，系于其中全部个体意向及动向之总和。《焦氏易林》的 64×64 = 4096 的变化类型，即以此为根据。但自然的演化及人事的兴革，似乎还没有这么简单；个体的意向有趋变、有守常，趋变的力度和能量，也并不一致，如何做出最准确的评估，真是煞费思量。再者，人千算万算，不如老天一算。许多大环境的变动，还有超过一切主观预期的。所有这些影响变动的因素，都使易占的变卦法格外艰难而复杂。

依高亨（1900—1986，我国著名古文字学家、文化史学家、训诂学家）的独到看法，这时就用上了天地之数。五十五为代表自然的极数，爻的过揲之数总和，在三十六到五十四之间，绝不会超过五十五。这意味着人智再怎么精密运算，也不可能违反自然规律、超越自然。以五十五减去六爻过揲数之总和，以所得的差数，来检测宜变的爻位，决定大环境变动的时机。

高亨这套决定爻变及卦变的方法，据称由苦参《左传》《国语》中诸多筮例而来。尤其是本章首段末句"此所以成变化而行鬼神也"触发了他的灵感。五十五的天地之数，正是用来决定宜变爻位的基准。本章结尾引用孔子的话说：知变化之道，就知道神之所为。《系辞传上》第五章云："一阴一阳之谓道……阴阳不测之谓神。"《说卦传》则称："神也者，妙万物而为言者也。……然后能变化，既成万物也。""道"是最高存在的本体，"神"则是道的妙用，也就是变化生成万物的大能。本章末段所言，实即成卦之后的变化问题。所谓"显道神德行"，彰显真理，通过人的实践，将其妙用彻底发挥出来。在筮法的操作上，即以天地之数来贞定卦爻的变化。

五位相得，指天地奇偶之数的相得益彰，即对立统一、相反相成的观念。天一与地二相得、天三与地四相得……各有合，指天数、地数各自相加，故而得出二十五、三十之数，总合即为五十五。《说卦传》云："参天两地而倚数。""参""两"应即参伍错综、参合交错之意，"倚数"即立数，指的正是天地之数的形成。"观变于阴阳而立卦，发挥于刚柔而生爻。"可见天地之数，确实和卦爻的变化有关。

引申触类

"四营而成易"，四次操作成一变；十有八变而成卦，按理说所成之卦已为六画卦，怎么又称八卦而小成呢？传统的解释多以三画卦的八卦为小成，经引申触类后，六画卦的六十四卦为大成，可描摹尽天下之能事。但我怎么看这段文字都不像在说重卦这样简单的事，而应该是在探讨成卦之后的变卦问题。换言之，《系辞传》本章的首尾二段是相互呼应的。不然，成卦后仍无法确定最后的动向，要如何断卦呢？演卦容易断卦难，《系辞传》既有专论占法一章，必然涉及判断问题，而天地之数就是其中的关键。

此处所谓的八卦，应即六十四卦的代称。其实，全部《易传》从未提过六十四卦，概以八卦称之。十八变后所得卦象，还未必是最后结果，故称小成。除了援用天地之数来找出"宜"变爻位外，还有许多复杂的考虑，如可变之爻（9、6）有几个、和宜变爻位合不合，以及如何斟酌权变等。这些变化很难以制式规范，须断占者"引申"其义，"触类"旁通，做出最后的综合判断。有时以本卦卦象、卦辞为主；有时以变卦卦象、卦辞为主；有时须合参两卦以定夺。若可变之爻恰值宜变爻位，又须以该爻爻辞为主，其他变爻爻辞为辅。若可变之爻超过三个，则数爻齐变，而导致卦变的可能性即增大。变爻愈多，本卦愈难维持稳定，在群体求变的推力下，值宜变爻位之变爻便渐失其重要性，该爻爻辞亦仅供参考而已。

因此，爻变、卦变所造成的变化类型，虽然理论上应为四千零九十六种，判断时所须考虑的因素，却远比《焦氏易林》的陈述复杂。这大概也是在许多人的实占经验中，《易林》的准确率偏低，甚至低得很离谱的原因。《易经》的卦爻辞集众智而成，千锤百炼，精密无比，当然不是焦延寿一人逞意构画所能望其项背的。

"显道神德行"，断卦不仅是科学，还是门艺术。境界够了，足以彰显真理，更能精练我们的思维，提升我们的行动能力，使我们人际应对自如，难题都能迎刃而解。"酬酢"本是宾主间相互劝酒之意，引申为人事互动。"可与酬酢"，一旦精熟了爻变、卦变的各种变化，碰到任何情境，都能找出恰当的对策。"可与佑神"，即借由我们的高明实践，进一步改造而丰富自然，也就是《中庸》所谓"参赞天地之化育"之义。

神代表自然造化之妙，一般趋吉避凶，都说祈求神佑、天佑。大有卦上九所云："自天佑之，吉无不利。"从自助、人助谈到天助，已经是极高境界。这里却气势更大，靠着人的作为，还要反过来去佑神，去协助自然！《尚书》讲："天工，人其代之。"泰卦《大象传》称："裁成辅相。"《说卦传》云："昔者圣人之作《易》也，幽赞于神明而生蓍。"乾卦《文言传》称："先天而天弗违。"都充分凸显了人能人智的积极主动性。大衍之数之所以不同于天地之数；前述变爻愈多，由天地之数决定的宜变爻位，亦非绝对的限制，仍应以数爻齐变的众意为主，实亦反映了这种刚健进取的精神。

本章以上论述，重在占法中天人观念的疏通和一些关键问题的探讨，不着意于逐字逐句的翻译以及基本占法程序的说明。有关这些部分，请参考高亨的《周易古经通说》第七篇——《周易筮法新考》。

第十章　通志成务

《易》有圣人之道四焉：以言者尚其辞，以动者尚其变，以制器者尚其象，以卜筮者尚其占。是以君子将有为也，将有行也。问焉而以言，其受命也如响。无有远近幽深，遂知来物，非天下之至精，其孰能与于此？参伍以变，错综其数。通其变，遂成天下之文；极其数，遂定天下之象。非天下之至变，其孰能与于此？《易》，无思也，无为也，寂然不动，感而遂通天下之故。非天下之至神，其孰能与于此？夫《易》，圣人之所以极深而研几也。唯深也，故能通天下之志；唯几也，故能成天下之务；唯神也，故不疾而速，不行而至。子曰"《易》有圣人之道四焉"者，此之谓也。

译文：

《易》有四种圣人之道：用来表达思想、铺陈理论的崇尚其文辞，用来指导行动以建功立业的崇尚其变化规律，用来创造发明、制作器物的崇尚其卦爻象征，用来卜问决疑的崇尚其占筮方法。所以君子将要有所作为和行动之前，敬慎问占以谋定夺，意之所在都能充分反映在卦象中，无论所问之事遥远、切近还是幽隐深藏，都能充分预知未来发展的情势。如果不是天下最精密的学问，怎么能够达到这种境界呢？成卦以后，再考虑爻变、卦变等错综复杂的变化，尽量圆融周到地处理，即可成就天地间的丰功伟业；深度发挥其数理，就能决定事物变化的最后结果。不是天下最通达的学问，怎么能够达到这种境界呢？没有私情私欲，没有染习造作，心思寂静至极，靠感应瞬间而遍知天下事之所以然。不是天下最神妙的学问，怎么能够达到这种境界呢？《易》是圣人用来下最深切的功夫，去研究事理人心的机微。因为深入，所以能沟通天下众人的心志；因为机微，所以能成就天下的事务；因为神妙，所以没有毛病，又快又准，不见行动就达到了目的。孔子称"《易》有四种圣人之道"，指的就是这个。

心向往之

本章论《易》之用，先以辞变象占分述，继而推崇至精、至变、至神，最后归结于极深研几、通志成务。行文流畅优美，令人神往。

圣人作《易》，君子习《易》；言圣人之道，即表示作《易》者的构思和用心。

《易经》的文辞精练深刻，尤其爻辞，更是达意的杰作，可作为表述思想、铺陈理论的模板。《易经》卦爻间的变化错综复杂，息息相关，可作为勠力行动时的参考。《易经》的卦象模拟自然而生，蕴含许多创造发明的原理。

"制器尚象"，详细的内容及例证见《系辞传下》第二章。人类文明史上的许多创造发明，与《易经》、易象暗合，深悟易象，可以激发制作的创意和巧思。"尚"字须活看，指的是师其意，而非师其法。"尚其辞""尚其变""尚其象""尚其占"，皆非拘泥于定式，而是融会贯通后的活学活用。

"尚"字也是《易经》经传的常用字，《说文解字》释为："曾也。庶几也。"见贤思齐，心向往之。老子云："知我者希，则我者贵。"希圣希贤，表示成圣成贤者毕竟是少数，可以发愿追求，未必能至。"尚"字从八从向，八象气之分散，人各有所尚，各有所求。人生因梦想而伟大，得偿所愿是"既济"，愿欲未偿为"未济"。一个"尚"字，真是触人衷肠，微妙已极。

《周易》尚什么呢？泰卦九二"尚于中行"、蛊卦上九"高尚其事"、坎卦"维心亨，行有尚"、丰卦初九"往有尚"、节卦九五"往有尚"。讼卦《象传》"尚中正"、小畜卦《象传》"尚往"、大畜卦《象传》"尚贤"、丰卦《象传》"尚大"、剥卦《象传》"尚消息盈虚"。观卦六四《小象传》"尚宾"、大壮卦九四《小象传》"尚往"、损卦初九《小象传》"尚合志"。

辞、变、象、占的四分法，亦见于《系辞传上》第二章："君子居则观其象而玩其辞，动则观其变而玩其占。"精研思想理论，以创造发明，悉心预测，以决策行动。君子习《易》，一观一玩，正是"尚"的精神表现。

受命如向

谈完"四尚"后，接着讲"三至"。"尚"是心向往之，"至"是直至做到。"至"字依《说文解字》，本义为"鸟飞从高下至地"，代表坤卦涵藏众生、落实理念的精神，有配合无间之义。坤卦《彖传》云："至哉坤元，万物资生，乃顺承天。"《文言传》云："坤至柔而动也刚，至静而德方。"初六爻辞称："履霜，坚冰至。"六五《文言传》称："美在其中，而畅于四支，发于事业，美之至也。"全部与"至"字有关。

不仅坤卦言"至"，乾卦九三《文言传》亦云"至"："知至至之，可与几也。"九三为人之正位，终日乾乾以行天道，就是为了落实理念。爻变成履卦，脚踏实地，意义更为显豁。《系辞传下》第七章论忧患九卦，以"履"为首，称"和而至"，人生天地间，诸般履历试炼，总期待以和平的方式达到目的。

四尚中,"卜筮尚占"居最后,大有"善易者不占"之意。但往下讲的至精、至变、至神,似乎又针对占筮而发。"是以"二字,承上启下。辞变象占即为圣人之道,君子习《易》,自然灵活运用,将有所作为和行动之前,敬慎问占,以谋定夺。"受命也如响",是说意之所往,都能充分反映在卦象中。即如佛经所云"如法""不如法"之"如"。易占的作用,在吸收信息,反映真实,并给出解答,就像一尘不染的明镜台。胡来胡现,汉来汉现,绝不会有半丝扭曲。"受命",指接受占者的问题,好像承受上级的指令一样。

"如响",也有解释成如对面相向之意,易占就像个贴心的好友,懂得倾听占者的疑难和心事,让你无所畏怯,无所保留。教堂里对神父的告解,心理咨询时躺在卧榻上的任情陈述,都为困顿人生提供了一个纾解的空间。当然,有问就有答。易占所做出的回应,灵巧细腻,高明透顶,譬如撞钟,大扣则大鸣,小扣则小鸣。因此,又有人以"如响斯应"来解释"如响"。

总之,易占的机制颇似计算机数据库,输入什么指令,经检索计算后,即输出相应的答案。输入基本上是以意念控制,故而愈专注,输出即愈精确。占者若受负面情绪干扰过甚,以致心神耗弱不定,理论上有可能得出不佳的答案。蒙卦卦辞所云:"初筮告,再三渎,渎则不告,利贞。"正是深中肯綮的说明。计算机操作上所谓的"garbage in, garbage out"完全符合"受命如响"的易占原理。

无有远近幽深,不受时空距离、观点立场及内蕴情怀的种种影响,遂知来物,就可以充分预知未来发展的形势。不是天下至精密的学问,怎么能达到这样的境界呢?人皆难免有主观成见及感情包袱,而易占的操作,却能将其影响降至最低。只要占者练习放空自己,虚心承教,了解未来绝对是有可能的。

佛言"诸法无我",庄子云"嗜欲深者天机浅",《易》主"易简而天下之理得"，皆为无有远近幽深之意。《金刚经》说得更洒脱自在："无我相，无人相，无众生相，无寿者相……离一切诸相，即名诸佛。"

参伍错综

《系辞传上》第四章曾云："精气为物，游魂为变。"物若至精，操作恰当即能生至变。参伍以变，错综其数，说的正是筮法，在前章论大衍之数时已讲过。"参伍"一词，屡见于先秦之书，为思想方法上的重要术语。如《荀子·议兵》："窥敌观变，欲潜以深，欲伍以参。"《韩非子·备内》："偶参伍之验，以责陈言之实。"《韩非子·八经》："行参以谋多，揆伍以责失。"《韩非子·扬权》："参伍比物，事之形也；参之以比物，伍之以合虚。""参伍"究竟是什么意思？

"参"即参观比较，把不同的东西摆在一起平行思考，看看能不能得到些启发；"伍"则是同样的东西，尝试变换观点，以期面面俱到。其实这正是错综的观念：一卦六爻全变为相错，若能触类旁通，相反不碍相成。一卦六爻对立反视为相综，一体两面，同时俱生。明儒王夫之说得好："参者，异而相入；伍者，同而相偶。""参"即错，横向并列思考；"伍"即综，纵向豁然贯通。"参伍以变，错综其数"，在筮法上是指成卦之后，有关爻变、卦变的复杂考虑；在人事的做法上，则为引申触类、圆融无碍的周到处理。

"通其变"，将参伍的原则用到极致，就能搞通一切变动的现象，成就天地间的丰功伟业。"极其数"，将错综的数理深度发挥，就能决定事变的最后结果。不是天下最通达的学问，怎么能达到这样的境界呢？

刚柔交错为文，经纬天地为文。贲卦有文饰之义，据《象传》所称，又有天文及人文的含义。离卦为网罟之象，纵横交错，息息相关，象征人类光辉灿烂的文明。乾、坤两卦有《文言传》，阐述刚柔迭用的人事奋斗之理。小畜卦《大象传》称"懿文德"，以小事大，以大事小，贵在以和平手段化解矛盾。"通其变，遂成天地之文"，充分显现了人理解自然、运用自然的成就。

《系辞传上》第五章有云："极数知来之谓占，通变之谓事。"依传解传，所谓"遂成天地之文"，应指人事，而"遂定天下之象"，又与占法预测有关。大衍之法，十八变后所得出之卦，还未必是最后结果，必须极其错综之数，才能确定事物的发展方向。"阴阳不测之谓神"，知来、通变之后，继续深探推高，则入神妙不测的境界。《系辞传上》第四章继"精气为物""游魂为变"之后，亦称："是故知鬼神之情状。"所以本章在"至精""至变"之后，又论"至神"。

感而遂通

无思无为，寂然不动，和前面所述"无有远近幽深"相似，功夫却更精纯。相对于"君子将有为，将有行"的执念，呈现彻底的清明虚静。真如《般若心经》所言："无挂碍故，无有恐怖，远离颠倒梦想，究竟涅槃。"

《荀子·解蔽》有云："虚壹而静，谓之大清明。万物莫形而不见，莫见而不论，莫论而失位。"《管子·内业》则称："人能正静……鉴于大清，视于大明。静慎无忒，日新其德，遍知天下，穷于四极。"精神愈清明，反应愈灵敏，能如感斯应，于瞬间遍知天下事之所以然。不是天下最神妙的学问，怎么会达到这样的境界呢？

"寂然不动，感而遂通"，这种神妙的感应作用，《易经》居下经之首的咸卦颇有阐明。咸卦上泽下山、外悦内止，所谓山泽通气，二气感应以相与。对外开口，以吸纳一切信息，在内却精神内守，不动如山。其《大象传》云："山上有泽，咸。君子以虚受人。"山上之泽如天池，波平如镜,不受污染,天光云影尽映其中,一片祥和静谧之貌。其《彖传》称:"天地感而万物化生,圣人感人心而天下和平。观其所感,而天地万物之情可见矣!"则是对天地间无所不在的感通作用,发抒最大的礼赞。

"天下之故"的"故",既表示已存在的事实,又为所以然的原因。温故而知新,鉴往能知来。知"故"是一切思维的起点,也是豁然贯通的终点。《杂卦传》以"故"字诠解三卦:"随,无故也……革,去故也……丰,多故也。"不论如何面对"故",首先都得知"故"。《系辞传上》第四章云:"知幽明之故。"重视内在深层机制之探索。本章"通天下之故",则涵括万有,强调全面的感知。

谈完"三至"之后,本章对《易》之用下了结论:"极深研几,通志成务。"下最深切的功夫,去研究事理人心的几微,以沟通天下众人的心志,群策群力,完成伟大的事业。

"志"是人心之所主,天下之大,品类之众,可谓人各有志,通天下之志谈何容易?同人卦《彖传》称:"唯君子为能通天下之志。"如何通呢?《大象传》提示入手处:"君子以类族辨物。"彻底分析清楚各个族群的差异,尊重其文化特色与生活方式,谋求族群的和谐。然后存异求同,往人性深处去发掘共识。所谓人同此心,心同此理。只要虚心深求,就一定可以找到。

通天下之志,才能成天下之务。政治家了解愈多的民意,愈能合理施政。企业家了解愈多消费者的想法,愈能开拓广大的市场。宗教家愈了解人心深处的渴盼,愈能引领众生,离苦得乐……

"几"即机,是整部《易经》思想的重大关键:《易》论变,而知机方能应变。"机"是所有事变发生前的征兆,隐微不显,难以辨识,却能决定往后的事态发展。所谓当机立断、见机而作、洞烛先机、抢占先机……人生的真知和力行,都得扣住"机"来运作。"机"稍纵即逝,在第一时间处理好,危机或可成转机。做生意讲商机,行军作战有兵机,修道重天机。机事不密则害成;枢机之发,荣辱之主。庄子称:"万物皆出于机，皆入于机。"《黄帝阴符经》且云："人心，机也……其盗，机也……动其机，万化安。"一言以蔽之，"Timing is everything"。

不疾而速，不行而至，易象易占之神妙，的确不可思议。《杂卦传》称："咸，速也。"如感斯应，快到几乎没有任何落差。"疾"本也有快的意思，但与速不同，而是求快出了毛病。行事像箭一样直，想一发中的，忽略了迂回顺势的重要。复卦一阳来复，见天地之心，呈螺旋形循环往复的过程中，即有"出入无疾"的断语。损卦"惩忿窒欲"，六四爻辞云："损其疾，使遄有喜，无咎。""遄"即速，"速有喜"和"损其疾"相对，不疾能速，又快又准，且无毛病。

"三唯"中，"唯神"与"至神"呼应，"唯深"和"至精"相关，"唯几"通"至变"，本章的结论其实仍一气相承。"四尚""三至""三唯"，反复论证，以明大《易》之用。末尾再言："'《易》有圣人之道四焉'者，此之谓也。"以终结全章，并注明为孔子所言。

值得注意的是，"三至"虽似针对易占而发，实可不限于卜筮。易理、易象、易变、易辞，一旦发挥作用，均有至精、至变、至神之效。所以"三唯"论"通志成务"，已摆脱了占卦的色彩，而适用于"辞变象占"全部圣人之道。荀子称："善易者不占。"子曰："不卜而已矣！"确为的论。

系辞传上 | 085

第十一章　开物成务

子曰："夫《易》，何为者也？夫《易》开物成务，冒天下之道，如斯而已者也！"是故，圣人以通天下之志，以定天下之业，以断天下之疑。是故，蓍之德圆而神，卦之德方以知，六爻之义易以贡。圣人以此洗心退藏于密，吉凶与民同患。神以知来，知以藏往，其孰能与于此哉？古之聪明睿知神武而不杀者夫？

是以明于天之道，而察于民之故，是兴神物以前民用。圣人以此斋戒，以神明其德夫！是故阖户谓之坤，辟户谓之乾。一阖一辟谓之变，往来不穷谓之通。见乃谓之象，形乃谓之器。制而用之谓之法，利用出入，民咸用之谓之神。是故易有太极，是生两仪，两仪生四象，四象生八卦，八卦定吉凶，吉凶生大业。

是故法象莫大乎天地，变通莫大乎四时，悬象著明莫大乎日月，崇高莫大乎富贵。备物致用，立成器以为天下利，亦莫大乎圣人。探赜索隐，钩深致远，以定天下之吉凶，成天下之亹亹者，莫大乎蓍龟。

是故天生神物，圣人则之，天地变化，圣人效之；天垂象，见吉凶，圣人象之；河出图，洛出书，圣人则之。《易》有四象，所以示也；系辞焉，所以告也；定之以吉凶，所以断也。

译文：

孔子说："《易》是为什么而作的呢？《易》是为了开发利用天地万物的资源，以成就天下的事务，包含天下所有的道理，也就是这样而已。"所以圣人用来沟通天下众人的心志，奠定天下的事业，决断天下所有的疑难。所以用蓍草占筮，圆转变化，神妙难测，成卦之后方可明确解读而获启示，六爻还有阴阳变动的可能，必须深入检验评估才能全面掌握情势。圣人借此洞烛先机后，还得严守机密以免败事，与民众同甘苦、共患难。蓍能帮助我们预知未来，卦储藏了许多前人的智慧和经验，究竟谁有这样贯通过去未来的本事呢？是古代那些有绝高智慧且能以和平方式解决重大纷争的人物吗？

所以了悟天道，就能明察人事之所以然，所以发明筮法以供民众运用，圣人借此仪式戒除染习，使心思清净，依天道理人事，增长智能与德行。所以关闭门户叫作坤，打开门户叫作乾，一闭一开叫作变化，往来无穷叫作会通，显现出来为人感知叫作象，进一步有了确定形体叫作器，制作器物供人学习使用叫作法，将之全面运用于人民生活、谁也离不开叫作神。所以一切生生的现象必有创造的根源本体，由此显现为相反相成的阴阳两仪，再交互作用生成太阳、太阴、少阳、少阴四象，继续分阴分阳得出三画的八卦及六画的六十四卦。运用卦爻符号便可确定人生的吉凶祸福，经历无数的艰险成败，缔造富有日新的伟大事业。

所以自然界的法与象，没有比天地更大的；变化通达，没有比一年四季更大的；高悬天际、照耀人寰，没有比太阳跟月亮更大的；人们效法自然，没有比盛德大业更值得尊崇、更高尚的；将许多自然资源凑齐，使之发挥最大功效，再制作出便利的各种工具供民众使用，以产生无穷的利益，没有比圣人的贡献更伟大的。探索复杂幽深的现象，洞察事理的机微，掌握变化的趋势，做出最好的布局因应，以确定天下的吉凶，激励人奋发勤勉任事，没有比蓍草占筮与龟卜更有神效的。

所以天生蓍龟这类神奇的物种，圣人取法定规；天地自然的种种变化，圣人研究效法；星空垂示天象、预兆吉凶，圣人取为象征；黄河出现龙马负图，洛水出现龟书，圣人亦取法定规。《易》有四象，显示四时变化的规律，卦爻系上文辞，告知变动征兆，确定吉凶成败，助人判断得失。

知来藏往

　　本章继续论《易》之用，但头绪太多，思想也显芜杂，前言还未必搭后语。文中"是故"二字出现六次，却没有承上启下的逻辑必然性，合理推断，当有阙文。有关河图洛书那段，几近神话，与义理风格不类，甚至有可能是后人妄增的。《系辞传》基本上仍以儒家思想为主，也明显受了道家不小的影响。总之，本章论述不如上章精纯。

　　首段引用孔子的话，以自问自答的方式释《易》之用，问题是，孔子的看法说到哪里为止呢？应该在第一个"是故"之前。"物"为一切人事物的总称，"开物"即开发利用天地万物的资源。《中庸》所谓尽己之性、尽人之性及尽物之性。"成务"已见前章，"唯几也，故能成天下之务"。"开物成务"四字，其实已涵盖天地造化、人事兴革的所有道理，而《易》的宗旨亦在于此。如斯而已，孔子言下之意，似对时人于《易》的误解有所驳正，而且多半是所谓怪力乱神方面。明朝宋应星所著《天工开物》一书，专述科技的开发利用，其名即导源于此，"天工"二字出于《尚书》："天工，人其代之。"人代天工，开物成务，多么健康踏实、积极进取的人生态度！

　　《系辞传》作者秉持孔子之意，说出第一个"是故"：通志、定业、断疑，且皆以天下为重，决不陷溺于小我之执。由"断疑"又引发第二个"是故"："揲蓍成卦，可断天下之疑"。依大衍之法，十有八变而成卦，成卦之前圆转变化、阴阳不测，没法预知最后结果，称"圆而神"。成卦之后，尘埃落定，依卦辞卦象可明确解读，称"方以知"。但所成之卦中，六爻还可能有变化，为九为六，爻变是否带动卦变，仍须以天地之数五十五去检验。引申触类，才能全盘掌握变化的情势，这就是"六爻之义易以贡"。"易"即变易、变动，阴变阳、阳变阴，"贡"有贡献、赐告、成功之义，至此才算克竟全功。

圆和方的对比极具哲理趣味，所谓天圆地方，并非指外形，而是指其象征含义。《大戴礼记·曾子天圆》有云："天圆而地方者，诚有之乎……如诚天圆而地方，则是四角之不掩也……参尝闻之夫子曰：天道曰圆，地道曰方。"天道的行健不息、周而复始、圆融无碍称圆，地道的厚德载物、敦笃实践、配合无间称方。圆主开创，阴阳不测；方为守成，中规中矩。

"方"字有模仿效法、定域定准之意，在《易经》经传中亦常用。坤卦六二称"直方大。"《文言传》释云："义以方外。"恒卦《大象传》称："立不易方。"益卦《象传》则云："其益无方。"复卦《大象传》："后不省方。"观卦《大象传》："先王以省方观民设教。"姤卦《大象传》："后以施命诰四方。"离卦《大象传》："大人以继明照于四方。"未济卦《大象传》："君子以慎辨物居方。"

坤效乾，地法天，以方为德。恒卦守中任常，不轻易改变立场。益卦灵活应变，因事制宜，不拘泥于固定方式。"后"为地方诸侯，相对于中央天子的先王，又有后王之意，在行政层级与文化理想上，均居于较次一级的地位。"后不省方"，仅以施命诰四方，行动上谨守分寸。"先王省方"，"省"除了指到地方视察外，也有观察思考以反省调整之意。观卦"神道设教""神无方""不守故常""可使天下服"。离卦重继往开来的文明创造，也不以一方为限，而是光照天下四方。世界化、国际化，并非不重视本土，任何人的成功失败，仍与选择落脚处生根固柢有关，故而未济卦称："君子以慎辨物居方。"

"圆而神，方以知，易以贡"，于变易中见不易，不易中又生变易，

系辞传上 | 089

虽就蓍卦而言，实可用之于人生行事。经过这三道探索的程序后，人对未来已有足够的先见之明，却不轻易泄露。退藏默运，从容布局，吉凶成败都与民众共忧同患。

"洗心"二字启人疑窦，按词性应属名词，但心怎么可以洗呢？后世读者很自然就会往清净心、涤除玄览或庄子"心斋"方面去联想，甚至发展出"洗心革面"的成语。革卦上六不是称"小人革面"吗？蒙卦言"初筮告"、比卦强调"原筮"、观卦称"盥而不荐"、复卦"见天地之心"、明夷卦又有污秽黑暗的明夷之心……嗜欲浅者天机深，"《易》简而天下之理得"，似乎言之有理。洗心成了一种高度修行、超凡入圣的境界。

如此，则"退藏于密"就更像是佛道二家深深遁隐的风格，然而，下文又称"吉凶与民同患"，入世承担的气势一点也没退缩。孔子所谓"鸟兽不可与同群，吾非斯人之徒与，而谁与"？乾卦九四《文言传》云："进退无恒，非离群也。"天下有山曰遁，泽上有地为临，两卦相错，进退的态势彻底相反。遁世固然可以无闷，解决现实忧患，只怕力有未逮。若真是退隐，又如何奢言"吉凶与民同患"呢？

"洗心"的"洗"，应该仍如诸多旧说之解，为先见之明的"先"。其实"洗""先"二字古即通用，太子洗马的官职，意即太子先马。继揲蓍、成卦、爻变之后言洗心，不应是涤除染习，而是成竹在胸，洞烛先机。"知几"之后，还得严守机密以免败事，这就是"退藏于密"。《系辞传上》第八章引节卦初九爻辞，有云："几事不密则害成。是以君子慎密而不出也。"以传解传，退藏于密和隐遁无关。

"神以知来，知以藏往"，蓍帮助我们知道未来，卦储藏了许多前人的智慧和经验。究竟谁有这样贯通过去未来的本事呢？谁创作了像《易经》这样伟大的经典呢？大概是古代那些有绝高智慧，且能以和平方式解决重大纷争的人物吧？

《尚书·洪范》称王者须敬用五事："一曰貌，二曰言，三曰视，四曰听，五曰思……视曰明，听曰聪，思曰睿……明作哲，聪作谋，睿作圣。"聪明睿智,代表视听思都到了极高的境界。《易经》临、观二卦,所诉求的重点即在于此。

临卦君临天下,六五君位爻辞云:"知临。大君之宜,吉。"《大象传》称:"教思无穷,容保民无疆。"智慧和深思,为成功领导必备的要项。观卦用心观察,九五君位《小象传》云:"观我生,观民也。"《大象传》称:"省方观民设教。"观察反省,听取民意,以为施政参考,天视自我民视,天听自我民听。

"睿"字依《说文解字》解释,为:"深明也,通也。"有反复究思、声入心通及响应不穷之义。睿智非一般肤浅小智,而是指想得长远而深透。《管子》一书有云:"思之思之……鬼神将通之;非鬼神之力也,精气之极也。"

精气之极,即至神的境界。神武而不杀,武本有止戈之义,最高的武德,自能全己全敌,不战而屈人之兵。乾卦《彖传》称:"首出庶物,万国咸宁。"咸卦《彖传》称:"圣人感人心而天下和平。"上下经之首,天道人道皆以和平共存为尚。

神道设教

下段以"是以"开头,接着又说"是兴神物以前民用","是"字恐怕非连接语或虚字,而系意有所指。《说文解字》释"是"字云:"直也,从日正。"释"正"字则云:"是也,从止,一以止。"日正当中为"是",正直无偏为"是",止于一、止于至善为"是"。人生当实事求是,组织内各派系不可自行其是。《论语·里仁》篇则称:"君子无终食之间违仁,造次必于是,颠沛必于是。"

全部易象的变化,其实也始于是,终于是。乾卦初九"潜龙勿用",《文言传》云:"不见是而无闷。"未济卦上九爻辞云:"有孚失是。"从第一爻阳居阳位，有"是"而不显现，到最后一爻阳居阴位，乐极生乱从而失去了"是"。天人之际所深蕴的义理，着实耐人寻味。

上经演天道，下经明人事，六十四卦、三百八十四爻，无非在探究一个"是"字，成就一个日中为明的正道。人生艰苦修行，一旦"是"了，即可了悟天道，也能明察人事之所以然。民之故，仍在天之道的范围内。人是自然的产物，容或有其特殊性，却不可能违反自然的共通性。

"兴神物以前民用"，依上下文语意来看，是指发明并倡导筮法，以供民众临事决策时使用。但以神物观整部《易经》，赞其生生不测之妙，亦无不可。圣人创作《易经》，是为了严谨持身，净念修行，并提高思维与实践能力。自觉觉人，自度度人，生命的学习永无止境。"神明其德"的"其"字，是指圣人本身，既前民用，又修己德。在明明德、在亲民、在止于至善，苟日新，日日新，又日新。迷时师度，悟时自度，观音菩萨还不断念佛呢。

"神明"二字连用，屡见于《易传》，如《说卦传》首章即称："昔者圣人之作《易》也，幽赞于神明而生蓍。"概括来说，阴阳不测之谓神，代表一阴一阳之道，由体起用，为天地造化之妙。大明终始之明，则为离卦的概念，强调人事的继往开来、薪尽火传。幽赞于神明而生蓍，既通天道，又通人事，依此而发明蓍法，正是"兴神物以前民用"。圣人以神明其德，穷理尽性以至于命，化育万物，与天地参。

"斋戒"二字有浓重的宗教意味，借着某种敬天祭神的仪式，以涤除习染，节制嗜欲，提高清明认知的能力，促进天人互动的关系。《易经》中有大量的祭祀行为，元亨利贞的"亨"字，通"享"，本有祭祀之义，而揲蓍演卦，也可以视为某种广义的祭祀。蒙卦卦辞云："亨……初筮告，再三渎，渎则不告。利贞。"由亨、渎、告与不告等字，可见一斑。最后"利贞"二字，点出正心诚意的重要，再次呼应"日正为是""止一为正"的精义。

蒙卦《象传》称："蒙以养正，圣功也。"初六发蒙，《小象传》云："以正法也。"师生互动，教学相长，关键即在一个"正"字上。老师为已发之正，学生为潜在未发之正，通过老师以身作则的示范而获启发。此正的根源何在？

乾卦《彖传》有明确的解答："乾道变化，各正性命，保合太和，乃利贞。"天命之谓性，芸芸众生各有其正，非可期其必同。所谓启蒙发蒙，只是心心相印，以正引正，师父领进门，修行在个人啊！师卦《彖传》故而称："能以众正，可以王矣！"能因顺众人心中自有之正，去开导启发，使之各得其所，即成王道政治。

再如屯、临二卦初爻，生命的自由发展，《小象传》皆强调："志行正也。"无妄卦辞称："其匪正有眚。"大畜卦《彖传》云："能止健，大正也。"二卦内外兼修，往下的颐卦《彖传》遂总结为："养正则吉也。"离卦《彖传》更称："重明以丽乎正，乃化成天下。"可说全《易》之精神，皆在求是与持正。

斋戒的真谛不在口斋，而在心斋，只要心正意诚，实可不忌荤素。萃卦卦辞称："王假有庙……用大牲吉，利有攸往。"宗庙祭祀，杀牛以上供。鼎卦象征政权，君主将祭祀后的胙肉分给大臣，《彖传》称："圣人亨以享上帝，而大亨以养圣贤。"困卦九五"困于赤绂"，爻辞称："利用祭祀。"九二"困于酒食"，爻辞称："利用享祀。"只要信念坚定，皆可脱困。豫卦《大象传》云："先王以作乐崇德，殷荐之上帝，以配祖考。""荐"是上供，"殷"为殷勤郑重，盛大铺张。借此崇德报功，营造欢乐气氛，以激励团队斗志。

观卦的宗教味最重，卦辞云："盥而不荐，有孚颙若。"全为庙堂祭祀观礼之事。"盥"是祭之始以水净手，有斋戒沐浴之意。"荐"当祭之中的牺牲贡献。由盥到荐，始终对礼敬的对象虔诚信仰，不稍懈怠。为什么不荐呢？如此岂不是程序未完、有始无终吗？传统的解释大致皆依王弼的看法，以盥时庄严肃穆，精神专注为尚，荐时则烦扰热闹、流于形式而已，故不足观。《论语·八佾》篇记有孔子之言："禘自既灌而往者，

系辞传上 | 093

吾不欲观之矣！"似乎为此说佐证。

然而，孔子此言特有所指，为不满现状的一时牢骚，难为万世定论。而且《易经》卦辞的创作，当在孔子之前，以后证先，亦不足为训。再检验《彖传》及《大象传》的思想，"盥而不荐"，很难说得通。观卦《彖传》称："下观而化也……圣人以神道设教，而天下服矣！"祭祀的目的是化民，让一般人看了能受感化。《大象传》则云："风行地上，观。先王以省方观民设教。"为图教义风行，必须深入了解各地风土民情，因时因地设定教化的方式。换言之，观卦的重点在深入浅出，务求通俗，不宜崖岸自高，而拘限了对现实社会的影响。

盥的意境固然好，一般信众仍得通过荐的形式，来接近真理。好的主张和观念，若不大力推荐，热情营销，怎么让人接受呢？豫卦以"殷荐"鼓舞群众，观卦化民成俗，岂可不荐？《系辞传上》首章云："易则易知，简则易从；易知则有亲，易从则有功；有亲则可久，有功则可大。"

"不荐"的"不"字应该有误。若属形误，当为"丕"字，"丕"为盛大之意。若为音误，当为"必"字，《孙子兵法》中，不、必二字，就有相误之例。"故敌佚能劳之，饱能饥之，安能动之。出其所必趋……攻而必取者，攻其所不守也；守而必固者，守其所不攻也。"《孙子兵法·虚实》篇这段料敌的文字，版本流传就有"出其所不趋""守其所不攻"的谬误。总之，"盥而丕荐""盥而必荐"，不但不能不荐，还得大荐特荐！既冷静深入，又热烈普及，有始有终，彻上彻下打成一片，才符合观卦的主旨。

豫、观二卦《彖传》中，皆有"四时不忒"。由天道运行的没有差误，期许人事的观察和预测，亦能绝对精确，以收民服乃至天下服的效果。这就是斋戒的好处，既明天道，又察民故，正是神明其德。可能也因斋戒二字的出现，让不少旧注对洗心做了宗教味过浓的解释。其实"观"得洗心，"豫"却须有洞察未来的先心。观和豫都得与民同乐，与民同患！

制器尚象

往下又以"是故"开头，以"谓之"为辞，定义了一堆概念，从基本面的乾坤，谈到最高运用的神。至于本段与前段的关系，只能说通过"神"字或"乾坤"而有联系：圆而神、神以知来、神武而不杀、兴神物、神明其德。前段"神以知来，知以藏往"，也有版本为"乾以知来，坤以藏往"。其实，以天圆地方之理来看，都差不多。

"阖户""辟户"的意象，相当具体而生动，显示乾、坤的作用密切相关。坤卦六三"含章"、六四"括囊"，都有紧掩门户之象。乾卦见、惕、跃、飞则有开辟之象。一阖一辟自然就造成了有节奏的变化，而资源亦随之流通往来。天地交而万物通，上下交而其志同，遂成泰卦之象。

变通之后，即能生生万物，显现出来为人所感知，就称作象，更进一步有了确定形体，则称为"器"。制作器物，供人学习使用，称作"法"。将这套法则全面运用于人民生活，任谁也离不开它，就叫作"神"。

前章论圣人之道，"以制器者尚其象"，象在形先，故而为制器所尚。法在器后，欲制新器时，得师其意，不师其法，而尚象则是寻其意的必经步骤。

《易经》六十四卦中，井、鼎二卦的卦名为确有其物，且均为人造的器物。鼎卦的卦形即有鼎之象，初爻为鼎足，二、三、四爻为鼎腹，五爻为鼎耳，上爻为鼎铉。《象传》云："鼎，象也，以木巽火，烹饪也。""烹饪"为造鼎之意，上祭天地神明，下赐辅佐群臣。为政称"调和鼎鼐"，老子云："治大国，若烹小鲜。"太公兵法《六韬》则坦言："取天下者，若逐野兽，而天下皆有分肉之心。"

以木巽火为鼎之象，巽乎下而上水，则为井之象。养而不穷，普济群生，为造井之意。古代有水井之处即有人家。改邑不改井，政治区划会变，民生的基本需要永远不变。卦辞称："往来井井。"《杂卦传》云："井通而困相遇也。""往来不穷谓之通""利用出入，民咸用之谓之神"，井卦正合此旨。

井的错卦为噬嗑卦，其《大象传》云："先王以明罚敕法。""噬嗑"有残酷政争之象，依《系辞传下》第二章，制器尚象的说法，又有商场交易之象。金钱和权力的角逐领域，最需要立法以规范，否则不知伊于胡底。"噬嗑"谐音"市合"，古代市井小民的生活方式及交易秩序，皆须遵守法则，利用出入，民咸用之。

鼎为国之重器，富丽堂皇，井则非常平民化。依卦序发展，由井至鼎，须经"革"的步骤，此义尤深。一方面明示"革"为平民革命，"鼎"为全民共和，非仅改朝换代而已。另一方面，"革"为人革天命，前井后鼎，更凸显人能制器的可贵。

"民咸用之谓之神"，真是"神"字的上好定义，完全摆脱了虚无缥缈、不切实际的俗情。

改一为元

"易有太极"四字，突兀冒出。前接"是故"二字，可能由乾坤阖辟而来，故而往下又云"是生两仪"。"太极"一词最早见于《庄子·大宗师》："在太极之先而不为高。"该段是在论道，道若在太极之先，则太极即非一切创造的本源。后世周敦颐撰《太极图说》，亦称："无极而太极。"头上安头，大大减低了太极的分量。这些恐怕都是受了老子"有生于无""道生一"思维的影响。老子以无立教，大《易》则盛张万有，一句"易有太极"的"有"字，和"是生两仪"的"是"字，都对宇宙人生做了全面的肯定。

《序卦传》第一个字就是"有"："有天地，然后万物生焉，盈天地之间者唯万物，故受之以屯。"不提乾坤的卦名，直接由代表万物的"屯"提出有天地。"唯万物"一语，尤其引人深思：易理主张唯心，还是唯物？

"有天地，然后有万物；有万物，然后有男女；有男女，然后有夫妇；有夫妇，然后有父子；有父子，然后有君臣；有君臣，然后有上下；有上下，然后礼义有所错。夫妇之道，不可以不久也，故受之以恒。"下经部分亦从"有"字开始，天地人的存在，昭然无疑。首卦咸无形无象，略去不提，直接从明确定形的恒卦开始讲，亦见出修辞的匠心。

不仅《序卦传》的语脉中多以"有"字串连，无妄、大有二卦的命名，也显示出了《易经》崇尚"有"的精神。无妄卦《大象传》称："天下雷行，物与无妄。"一切众生历历真实，绝非虚幻。"大有"则人人皆有、一切皆有。

"易有太极"的"易"字，即指生生之象，一语揭示所有现象必有本体存在，为其创造根源。本体不可见，可见的为阴阳两仪、四象、八卦、吉凶和大业。吉凶为失得之象，"见乃谓之象""富有之谓大业"。系传前几章的定义，又充分说明了万象皆有。

"是生两仪"的"是"字，为日正、止于一、直而无偏之义，前文已分析过。《易经》虽千变万化，始于"是"，终于"是"，"是"即能生生不息，不是或失是，则生机滞塞。

四象依传统的说法，为太阳、太阴、少阳、少阴，由阴阳两仪重叠交互而成。筮法中的9、6、7、8，四时的夏、冬、春、秋皆可与之对应。四象再分阴分阳，自然得出三画的八卦。

"八卦定吉凶"，此处的八卦应指六十四卦，由八卦互动而生。三画的八卦各有特性，无所谓吉凶，六画的六十四卦才有吉凶祸福可言。《系辞传》中所谓的八卦，有时即代表六十四卦，在大衍之章（本书《系辞传上》第九章）中已经说明。

"吉凶生大业"，明示人生大业的开创必从无数艰险成败中而来。"富有之谓大业"，今日丰富奇诡、无所不有的生态世界，不也是物种演化、不断竞争、突变而生吗？

"太极生两仪"的"生"字，只是自然显现之意，没有时间上的先后可言。"仪"字在《说文解字》释为："度也，从人从义。"《尔雅·释诂》则称："匹也。"《诗经·毛传》云："善也，宜也。"总之，"仪"是指相反相成、相生相配的两极显现出来，以为人所效法的对象。渐卦上九爻辞："鸿渐于陆，其羽可用为仪，吉。"《小象传》且称："不可乱也。"鸿雁群行以序、往来以时、丧偶后不再偶的习性，所显现的团队精神及高尚德操，值得人们效法。

"太极"的"极"字，《说文解字》释云："栋也。"而"栋"字又云："极也。"古代木造房屋，居中最高之处称"极"，又有大中至正之义。《尚书·洪范》称："建用皇极……会其有极，归其有极。"标举无偏无陂，王道正直之义。《周礼》序官，主旨皆在"以为民极"。《大学》阐发日新又新之旨，有云："君子无所不用其极。"《系辞传上》第二章则云："六爻之动，三极之道也。"天地人三才皆有极，而太极不可逾越，为宇宙间一切存在的根源。

有关存在本体的证悟，《系辞传》提太极，其实和《彖传》及《文言传》不同。《彖传》称："大哉乾元，万物资始，乃统天。""至哉坤元，万物资生，乃顺承天。"始终扣紧经文的"元"字立论。乾坤有元，而坤元实即乾元，并非另有来历，只是表现形态不同。乾元统天，为万物之所资始，故作为存在本体的代称。《文言传》即据此发挥，而为人事之运用："乾元用九，天下治也……乾元用九，乃见天则……乾元者，始而亨者也。"孔子作《春秋》，以元立教，是正本清源、贯通天人的极则，可谓直承大《易》而来。

《春秋繁露·玉英第四》："谓一元者，大始也。"《春秋繁露·重政》："惟圣人能属万物于一，而系之元也，终不及本所从来而承之，不能遂其功。是以《春秋》变一谓之元，元犹原也，其义以随天地终始也。"《春秋》记事，不称一年，而称元年，大有深意。"一"只是开端，"元"则探及大本，且有终而复始之义。天道人事不能只是得一，还得奉元。《易经》既济卦后，终之以未济卦，三画卦发展成六画卦，又特重复卦生生不息的意涵，都与"元"的精神有关。岂不见乾卦《象传》云："大明终始，六位时成。"

道家重一，可绝未提元，老庄书中颇多印证。因此，改一为元的思想，可谓孔子独创，也可能是受益于问礼老聃。"太极生两仪"的说法，和老子道生一、一生二的思维路数相近，也难怪会引发后世"无极而太极"的争议。《系辞传》完成时，可能已近汉初，多处呈现儒道交流的痕迹。孔学正脉，恐怕还得从乾、坤二卦的《象传》中去深求。

不称乾之元、坤之元，也不称元生乾或生坤。径谓乾元、坤元，亦蕴涵体用不二之旨。即体成用，切勿于用外觅体。本章"太极"之称，虽然可能受了道家的影响，"易有太极"四字仍守儒家本色。天地一太极，而万物亦各有一太极，太极无定在而无所不在。以此意义而言，太极即乾元，不必另作分辨。

至于流传已广、争议甚多的太极图，善会其意即可，无须于象上再添葛藤。杭辛斋认为此图出自《道藏》，或由后人拟议绘出。实则太极无形无象，不可以图见，宜正名为"阴阳仪图"，方称允当。熊十力先生则痛批"太极生两仪"的学说，认为有古代宗教余习，主张正名为"乾坤一元图"，以符合《象传》之旨。

天爵自贵

太极论定，往下又引出一堆议论，仍以"是故"二字相连。"法象莫大乎天地"，天地乾坤是最大的两仪，显现出来为人所效法。正所谓"人法地，地法天，天法道，道法自然"。"变通莫大乎四时"，四时和四象相应，冬尽春来，夏过秋至，由天地两仪互动而生。一阖一辟，往来不穷。"悬象著明莫大乎日月"，日自发光，月映日光，昼夜轮替，既示两仪阴阳之义，又有变通之象。"崇高莫大乎富贵"，则是指人体悟天道之后的修行，富有之谓大业曰富，日新之谓盛德曰贵。《大学》称"在亲民"，孟子主张"民为贵"，在《易经·小象传》的思想中已经蕴含。

鼎卦全民共和，初六代表基层民众，《小象传》云："利出否，以从贵也。"革除专制余习，尊重民意以治国。颐卦供养众生，居上位者不应剥削基层，而民众亦以自给自足为尚，否则便是自己放弃应有的权益。初九《小象传》云："观我朵颐，亦不足贵也。"屯卦崛起于草莽，艰难缔造，尤需重视民生的基础建设，初九《小象传》云："以贵下贱，大得民也。"

"富"字在《易经》中多见，除了表示资源厚实外，亦深具资源共享、道德劝说的意味。小畜卦九五爻辞云："有孚挛如，富以其邻。"《小象传》称："不独富也。"四海之内皆兄弟，众生一体，不独亲其亲，不独子其子。本爻爻变成大畜卦，日新其德，"不家食，吉"，正合盛德大业之象。泰卦六四爻辞云："翩翩，不富以其邻。"《小象传》称："皆失实也。"以阴求阳，美丽的诱惑后面，可能有致命的伤害；沟通往来的过程中，得小心对方以邻为壑的陷阱。谦卦六五爻辞云："不富以其邻，利用侵伐，无不利。"污染输出、贫富悬殊是社会的乱源，必须强势遏止。

总之，富贵非指有钱有势，否则岂能当崇高之称？前述盛德为贵，大业为富。《系辞传上》第五章云："盛德大业至矣哉！"第六章云："易简之善配至德。"其实，易简之善即与此处所称的富贵相关。人的嗜欲愈浅，天机愈深，愈能冷静客观、大公无私地处理人间事务。

依传解传，《系辞传上》第六章结尾数语，正合本段之旨："广大配天地，变通配四时，阴阳之义配日月，易简之善配至德。"这不就是"法象莫大乎天地，变通莫大乎四时，悬象著明莫大乎日月，崇高莫大乎富贵"吗？

有崇高之德的圣人，必有创造发明，以服务社会，增进人类福祉。"备物致用"，将许多自然资源依理依序凑齐、精妙组合，使之发挥最大的功效。"立成器以为天下利"，再制作出方便犀利的各种工具，供民众使用，以产生无穷的利益。"立成器"三字的语法稍显怪异,有人说应是"立象成器"四字。如此,则立象为成器的灵感所资,又是前述"制器尚象"之意。

"赜"为复杂幽深之意,已见《系辞传上》第八章,"钩"为曲而求之。"探赜索隐,钩深致远"八字,充分说明了卜筮探索事实真相的神妙功能。人生行事,欲规模远大,必先下沉潜的功夫,洞察事理的机微,掌握变化的趋势,以做出最好的布局。"亹亹"是汲汲营营、奋发勤勉的样子。人生竭力拼搏,总是希望成功,不愿苦干白干一场。运用卜筮准确预测未来,可能提高成事的概率,这便是定天下之吉凶,成天下之亹亹。

由蓍龟这些卜筮的工具,便扯到了最有争议的河图洛书的末段。"天生神物",显然是指蓍龟,这和前文"兴神物以前民用"虽然呼应,气势已完全不同。在卜法、筮法发明前,蓍龟这枯草朽骨有什么用呢?下文云"圣人则之",怎么则?则什么呢?"天地变化,圣人效之",固然合于大《易》取法自然的路数。"天垂象,见吉凶",不免令人联想到星象方面的问题,下云"圣人象之",更加深这种疑虑。"河出图,洛出书,圣人则之",终于在一片气氛的烘托下,点出正题。此处是不是后人误增,或有意为之的衍文,确实应该冷静思量。河图洛书容有真理,本身自成一套逻辑,但要说必与《易经》有关,且为画卦之所本,实在难通。龙马负图的神话传说,更是荒谬之至!汉代阴阳五行之说盛行,迷信难以自拔的学者在《系辞传》中动手脚,并非不可能。同样,《论语·子罕》篇中有一段孔子的感喟:"凤鸟不至,河不出图,吾已矣夫?"也大成问题。《春秋公羊传》有微言大义,然而东汉何休所作的《解诂》中,却充斥着谶纬迷信的色彩,甚至有孔子预先"为汉立法"的鬼话。逢迎当道,以伪掩真,于此可知。

本章最后几句怪怪的,跟前文不易衔接。"《易》有四象,所以示也",四象只是八卦定局前的中间产物,如何示呢?若以四时变化当四象,还勉强说得通,也显突兀,没头没脑。金景芳先生(1902—2001,著名历史学家、易学家）认为应是爻象之误，后人因前言"两仪生四象"而误改。《易》有爻象，指示吉凶，再系上爻辞，明确告知，吉凶既定，便可当机立断，速行趋避之道。

第十二章　明道若昧

《易》曰："自天佑之，吉无不利。"子曰："佑者，助也。天之所助者，顺也；人之所助者，信也。履信思乎顺，又以尚贤也。是以'自天佑之，吉无不利'也。"

子曰："书不尽言，言不尽意。"然则圣人之意，其不可见乎？子曰："圣人立象以尽意，设卦以尽情伪，系辞焉以尽其言，变而通之以尽利，鼓之舞之以尽神。"

乾坤，其《易》之蕴邪？乾坤成列，而《易》立乎其中矣！乾坤毁则无以见《易》。《易》不可见，则乾坤或几乎息矣！是故形而上者谓之道，形而下者谓之器，化而裁之谓之变，推而行之谓之通，举而措之天下之民谓之事业。

是故夫象，圣人有以见天下之赜，而拟诸其形容，象其物宜，是故谓之象；圣人有以见天下之动，而观其会通，以行其典礼，系辞焉以断其吉凶，是故谓之爻。极天下之赜者存乎卦，鼓天下之动者存乎辞，化而裁之存乎变，推而行之存乎通。神而明之，存乎其人，默而成之，不言而信，存乎德行。

译文：

《易经》大有卦上九爻辞称："自强不息得获上天佑助，一切吉祥，没有任何不好。"孔子解释："佑就是帮助，上天所帮助的，必是那些顺天理行事的人；人会帮助别人，一定是因为对方值得信赖。一个人若能依诚信行事，思维顺乎天理，再懂得尊重贤者，必蒙'上天福佑，获得成功，且无任何后患'。"

孔子称："书写的文字有篇幅的限制，完全畅所欲言很难，即使已经说出写出的话，也没有办法充分表述我们心中的意念。"那么圣人的意念后人就没办法了解了吗？孔子又说："圣人发明阴阳符号的象征来表述意念，设计卦象说明事态的真伪，然后系上卦爻辞尽量讲清楚，后人体悟之后付诸实践，任事懂得变通以发挥最大的效益，鼓舞激励群体行动才臻道体发用的最高境界。"

乾坤二卦就是《易》的主要内涵吧？乾坤相对，刚柔相推而生变化，《易》就立于其中；乾坤若毁，失去了相对激荡的力量，孤阴不生，独阳不长，自然无法显现《易》的生生变化。生机一停滞，乾坤也就几乎不能再存在。所以超乎形体之上的叫作道，其下有形体的叫作器，在自然的造化上斟酌裁度加工改造叫作变，推动文明进步叫作通，让天下民众都因而受惠叫作事业。

因此所谓象，是圣人观察全天下种种复杂幽深的现象，以《易》的卦爻符号比拟其形态和样貌，抓住其神韵与节奏，呈现出事物的真相，所以称作卦象。圣人观察天下种种变动，研究出因应的共通规律，并附上说明的文辞，以判断吉凶，所以称作爻辞。天下极尽复杂幽深的道理都储存于卦中，鼓舞天下人积极热情行动的话都储存于爻辞里，在自然的造化上斟酌裁度加工改造都存在于变动之中，推动文明进步的力量存在于会通之中。道体阴阳不测的作用，表现为人文光显之功，都存在于人的作为之中，默然实践而有所成就，不需言辞即能取信于人，完全在于美好的德行。

尽善尽美

本章为《系辞传上》末章，从《易经》特有的象征符号的表达方式谈起，检讨易与乾坤的关系，道和器的贯通联系，最后归结于社会群体的实践。首段为孔子对大有卦上九爻辞的发挥诠释，和后文不相干，应属错简。有人认为原在《系辞传上》第八章，其实属《系辞传下》第五章亦有可能。

"自天佑之，吉无不利"的观念，在《系辞传》中出现三次：《系辞传上》第二章、《系辞传下》第二章及本章，可见孔门思想对此爻含义的高度重视。以下即是孔子第一手的解释。

上天所帮助的，必是那些顺天理行事的人；人会帮助别人，一定因为对方值得信赖。一个人若能依诚信行事，思维顺乎天理，再懂得尊重贤者，必蒙上天福佑，获得成功，且无任何后患。

尚贤之说，应与六五君位上承上九有关；天助人助，实皆由于自助。孔子简洁明快，剔除了天佑可能涵蕴的迷信色彩，履信思顺，又是知行合一之理。遏恶扬善，方能顺天休命，一点也不含糊。

"书不尽言，言不尽意。"孔子此言道破了语言文字的局限。书写的文字有篇幅的限制，完全畅所欲言很难，即使已经说出写出的话，也没有办法充分表述我们心中的意念。一般生活经验的传达，尚且如此，那些形而上的终极真理，就更难与人分享了！《老子》五千言，开章便称："道可道，非常道；名可名，非常名。"禅家不立文字，明心见性，所谓："言语道断，心行路绝。"都于此有深刻的共识。

那么，《易经》作者悟道后心中的意念，要怎样传予后人知晓呢？孔子以一连串五个"尽"字的组句，做了最圆满的回答。

"立象"是《易经》最大的发明，由爻象而卦象，由三画卦而六画卦，所组合而成的庞大象征系统精致实用，已为易学中人所深晓。只要熟悉卦爻的基本寓意及衍化应用，其诠解表述的功能，真是无穷无尽。

设卦通过人为的设计，将立象规范化，所谓天下万象难逃《周易》。八八六十四这个数字意义非凡，恰与生命遗传基因的组合数相当，看来应非巧合。"情"是真实情状，"伪"是虚妄，"设卦以尽情伪"，卦象恰如混沌魔镜，既观自在，又照见五蕴皆空，度一切苦厄。

伏羲当年立象设卦，还在前文字期。文字发明以后，继之而有卦爻辞的创作，运用精简的文字以总结前人的经验，这便是"系辞焉以尽其言"。由于已有数千年锤炼成型的卦象在先，卦爻辞的文字皆有源有本，且息息相关，本质上和直接说理的文字截然不同，是以前称"书不尽言，言不尽意"，此处却说系辞能尽其言。立象、设卦、系辞，这三个阶段的发展步骤，已充分圆熟了《易经》的象征体系，使之具备强大的解析功能。

"变而通之以尽利"，讲的是从理论到实践，从悟道进而证道之事。《系辞传上》第五章："通变之谓事。"前人智慧和经验的累积产生的易理，后人必须借着本身的实践，学而时习之，才能真正了悟，也才可能与时俱进，而有更新的创造。易象易理是活的，绝非刻板僵硬的教条，载之空言，永远不如见诸行事之深切著明。"尽利"的"利"字，取义于秋收以刀割麦，看来习《易》真要丰收有成，还得懂得变通！

《序卦传》云："蛊者，事也。""干父之蛊"，改革有成的关键即在通变，逝者已矣，合于古者未必能行于今。蛊卦《象传》称："往有事也。"勉励后继者当惕厉奋发，自行解决当代的问题。初六《小象传》云："意承考也。""意"字真用得好！承其意不承其法，正是基于时变的考虑。"圣人立象以尽意"，后人学《易》当观象以知意，得意尽可忘象，不必于象上再生执着。象尚可忘，层次更露的卦和辞，自不用说，所以王弼又说得象忘言。

蛊卦上艮下巽，为密闭空间中空气不流通的象，容易滋生病菌，正和皿中有虫的"蛊"字原义相合。时光流逝，封闭体制内的任何东西都必会败坏，株守恋栈无益。蛊卦六爻一路"干父之蛊"，至上九终于打开新局，尽除依傍。爻辞云："不事王侯，高尚其事。""其"是自己之意，树立了当代人自己的风范，不再依循旧轨。爻变成升卦，"升"之前为萃卦，萃取前人的精华，发扬光大，提升至新的境界。卦序蛊卦之后为临卦，其《大象传》称："君子以教思无穷，容保民无疆。"开放自由，鼓励参与和创意。蛊卦上九《小象传》云："志可则也。"从"意承考"到"志可则"，蛊卦的天蚕再变，推陈出新，都从真诚任事而来。"变而通之以尽利"，孰不云然？

改革变通之事欲成功，必须争取群众的支持，改革的目的，也是开放群众参与。这由临卦初、二爻的爻辞皆标榜"咸临"即可知。同样，"鼓之舞之以尽神"所揭示的，也是号召、激励群体行动的意境。圣人作《易》，不是只为个人的趋吉避凶，而在群体的开物成务。尽己之性、尽人之性、尽物之性，先知觉后知，先觉觉后觉，而后与天地参。由真知而力行，由个体到群体，这才是易学精神的极度发挥。一阴一阳之谓道，阴阳不测之谓神，神是道体发用的最高境界。《荀子·儒效》有云："尽善挟治洽之谓神。"

不言之教

由于"书不尽言，言不尽意"，易象的表达又特有不言之教。习《易》者需善会弦外之音，才能解悟更丰富的含义。以六爻爻辞而论，爻辞中嵌入卦名是常态，但其中一些极端的例证值得注意。

需卦初至五爻皆言"需"，仅上爻不言"需"。表示最后需求已获满足，无需再焦灼等待。故云："敬之，终吉。"

师卦初至五爻皆言"师"，仅上爻不言"师"。表示战争已经结束，当论功行赏。故云："大君有命，开国承家。"

蛊卦初至五爻皆言蛊，仅上爻不言蛊。表示改革已经成功，特权瓦解，全民参政。故云："不事王侯，高尚其事。"

旅卦君位六五独不言"旅"，表示"王者无外"。在文明创造上有伟大贡献者，属于全人类的资产，而非任一国族的专利，已无所谓旅不旅。故爻辞云："终以誉命。"

兑卦君位九五独不言"兑"，一则表示为君难，执政不在多言，喜怒不形于色。再则先天下之忧而忧，高处不胜寒，也的确没有多少喜悦可言。正因为如此，极度孤寂的心境下，才会被上六君侧之人所迷惑，而影响了统御的威望。故其爻辞云："孚于剥，有厉。"

剥卦君位六五独不言剥，反有整合群阴、顺承上九之意。表示其默察大局，见识深远，虚尊已过气之孤阳，而在为下一卦"七日来复"之复卦做准备。《象传》中所称"顺而止之，观象也"正指此爻，剥极而复的真正关键在此。

明夷卦上六独不见"明夷"，而云"不明晦"。可见其为黑暗中心，本身不光明，却能伤人之明。谦卦君位六五独不言谦，反有侵伐之辞。为了维持国际和平，不得不以战止战。另外，如颐卦六五不言"颐"、损卦六五不言"损"反言"益"、咸卦九四不言"咸"、蒙卦六三不言"蒙"、遁卦六二不言"遁"、涣卦初六不言"涣"等，仔细推敲起来，都别有深意。

依前例类推，六爻皆嵌入卦名者，亦有强调之意。临、观二卦，六爻全言"临"、全言"观"，表示人生无时无刻不在参与和观想，这是无从摆脱的生存情境。震、艮二卦，六爻全言"震""艮"，人生动静行止亦然。"万物出乎震，成乎艮"，终而复始，悠悠无尽。贲卦六爻全言"贲"，人生在世，难免色相习染，归真返璞，谈何容易？复卦六爻全言"复"，灵明自性恒存。履卦六爻全言"履"，待将全程历尽，方知如是因果。其他如比、蹇、困、井、鼎、渐诸卦，六爻亦全言卦名。善自体会，皆有甚深意蕴。

爻辞创作善用对比，合而观之，文意自现。例如否卦六三，精简到只有"包羞"二字。而泰卦九三却长达二十字，反复申诫，唯恐人一路通泰，攀登峰顶后，生骄佟之心，遂致形势逆转。一旦泰极否来，跌落否卦六三的谷底，多言无益，只能善自遁藏，以期熬过痛苦后有复苏的机会。否卦六三爻变，即为遁卦，其《大象传》称："君子以远小人，不恶而严。"否卦世道太坏，小人道长，君子道消，所谓道不同不相为谋，一切沟通抗告无效。"包羞"二字，真有悲极无言的况味。

泰卦九三登峰造极，为时甚短，六四起由天入地，一泻千里，至上六"城复于隍"，一切跌回原点。由于泰卦三阴三阳互通顺畅，上六和九三相应与，故而上六的下场，在九三时就可以感测得知。九三爻辞中遂出现"无平不陂，无往不复"的预警，进而作"艰贞无咎，勿恤其孚"的调整，终至趋吉避凶，"于食有福"。

否卦六三深处谷底，漫漫难熬。九四起的复苏，至上九"倾否"，恢复正常，相当吃力。由于否卦阴阳闭塞不通，对六三而言，完全看不到前景，也只有苦撑忍耐。

泰极否来的例证，明示我们建设维艰、破坏轻易之理。所谓"为善如登，为恶如崩"，类似的情况，亦见于剥、复、夬、姤四卦。

剥卦五阴剥一阳，形势岌岌可危，卦辞仅云："不利有攸往。"区区五字，消亡指顾间事。复卦一阳来复，重生再造得费时经年，卦辞花了二十一个字叮嘱，最后才称："利有攸往。"姤卦五阳下一阴生，危机初见，卦辞云："女壮，勿用取女。"见微知著，如临大敌。夬卦五阳决一阴，占尽压倒优势，卦辞却仍用十九个字，集思广益，力持戒慎。

元亨利贞为乾卦四德，代表天理流行及人事应然之理。蒙、需、同人、离、咸、恒、遁、萃、兑、涣、小过、既济十二卦，卦辞皆有"亨利贞"，独欠"元"字。可见该卦元德不显，须修持以复元。蛊卦卦辞有"元亨利"三字，独不见"贞"。"贞者，事之干"，故需"干父之蛊"，以拨乱反正。

必诚其意

总括以上的讨论，我们发现，圣人之意其实是通过象、卦、辞，甚至实际行动等种种不同的方式巧妙地表达。研《易》习《易》的关键，就在能否真正会通其意。

"意"字若依《说文解字》的解释，为："志也，从心从音，察言而知意。"而解释"志"字又云："意也。"以心之所之取义。志、意二字互训，但揆诸经典的用法，应有细微的不同。

"志"字应指意念已成型、主张已确定。孔子自述年十五而志于学，又称有志于大道之行。东汉经学家何休称："仲尼志在《春秋》，行在《孝经》。"人志向一定，就想付诸实践，终身行之而不悔。明末清初思想家王夫之以"心之所主"释志，可谓卓识。

"意"字才是心之所之，念虑初动，尚未完全定型，还有很多发展的可能。前述"干父之蛊"，先是"意承考"，最后"志可则"，受前人创意启发，终于自立风范，即揭示此义。《大学》八条目，诚意在正心之前，若说修齐治平为志，则先得从诚意入手。以心音、心声释义，不如以"立日心"释之，更为精当。

《易经》旧版中有两个特殊字：一是"无"，无妄、无咎、无悔，虽通"有无"之"无"，字源上应与天、元有关。另一则是恒卦的"恒"字，较正常写法少了下面一横。常体"恒"字，取义亘古之心，此心永远不变为恒，固是正理。《易经》"恒"字，以"一日心"为"恒"，更见亲切。一日之间昼夜交替，具阴阳变化之义，要维系此心常定，已属不易。《论语·里仁》篇孔子即感叹："有能一日用其力于仁矣乎？我未见力不足者，盖有之矣，我未之见也！"以颜回之贤，其心三月不违仁，其余孔门高才，则日月至焉而已矣！曾子一日三省吾身。《大学》称"苟日新，日日新，又日新"。《尚书》云："一日二日万几。""一日心"为"恒"，大有深意。

恒卦《大象传》云："君子以立不易方。"既然"一日心"为"恒"，则"立日心"为"意"，正点出诚意功夫。益卦与恒卦相错，上九求益过度，爻辞即称："立心勿恒，凶。"

诚意正心恰为无妄卦之象。无妄卦后为大畜卦，《象传》云："日新其德。"前为复卦，七日来复，以见天地之心，皆以日计。《大学》论诚意前，先谈慎独。复卦六四爻辞即云："中行独复。"《小象传》再释："以从道也。"其修行的义理层次，完全切合《中庸》的论述："道也者，不可须臾离也，可离非道也。是故君子戒慎乎其所不睹，恐惧乎其所不闻，莫见乎隐，莫显乎微，故君子慎其独也。喜怒哀乐之未发，谓之中……中也者，天下之大本也。"

复卦六四爻变，成震卦（如图）。《说卦传》称："帝出乎震……万物出乎震。"震为一切众生之象，其《大象传》云："君子以恐惧修省。"又合戒慎恐惧的慎独之理。易理精微，息息相关。由此亦可见，《易经》经传必经过孔门儒者一番精心整理，所谓金声玉振集大成，绝非虚言。

复卦　　震卦

《大学》又言："欲诚其意者，先致其知，致知在格物。"依据本书在《系辞传上》第四章的讨论，格物致知之"知"，指良知。复卦见天地之心，复以自知，正是良知发用。良知发用并非空泛的精神运作，必与万物接触交感、测度印证，而生出各类知识和智能，此即致知在格物，能知和所知合而为一。"在"字表示当下即是，和三纲领的"在明明德，在亲民，在止于至善"之"在"同义。称致知在格物，而不称"欲致其知者，先格其物"，即表示"能""所"不二，实无时间上的先后可言。

论证至此，又可回到《系辞传》首章的命题："乾知大始，坤作成物，乾以易知，坤以简能。"乾坤合德，心物合一，才是宇宙存在的真相，才有生生不息的创化历程。上古圣人格物致知的结果，诚了圣人之意，立象、设卦、系辞而创作了《易经》。后人欲解悟圣人之意，也得格物致知，自诚其意，由言观象，悟象得意，才能真正豁然贯通。"易简而天下之理得矣！天下之理得，而成位乎其中矣！"往下遂又谈乾坤。

系辞传上 | 111

道器一贯

依熊十力先生的见解，乾为生命、心灵，坤为物质、能力的总名。宇宙即由心物或称乾坤所组成，一切生生不息的变化，皆乾坤相反相成，相激相荡而来。"缊"本为衣服内的棉絮，引申为内涵之义。乾坤为"易之缊"，乾坤成列，即两仪相对，刚柔相推，而生变化，故称"易立乎其中"。乾坤若以天地取象，又成了《系辞传上》第七章所谓："天地设位，而易行乎其中矣！"

"乾坤毁"，失去了相对激扬的力量，孤阴不生，独阳不长，自然无法显现生生的变化。生机一停滞，乾坤也就几乎不能再继续存在。"或几乎息"四字，说得可真有意思，究竟"息"了没有？恐怕还是既济、未济，又会有意想不到的新的变化。以天地成毁而论，我们所存身的这个浩瀚宇宙，在一百五十亿年前是什么？一两百亿年之后又会如何？永远是个思之不透、耐人寻味的问题。有人学《易》，喜欢追问：乾卦之前、未济卦之后是什么？究竟有没有所谓先后？

以宇宙论的角度看，自然的演化是有先后的，以本体论或存有论来看，则无先后可言。作为最高存有的道，无定在又无所不在，本章以"形而上者"称之。至于一切有具体形质的存在，则称"形而下者谓之器"。上下并不等同于先后，而是指存在的层级。《杂卦传》称："离上而坎下也。""上"有向上提升之意，下学而上达，即由器悟道，因用证体。前章有云："形乃谓之器。"换言之，所谓形而下者，应包括形在内，形而上者，却不可以定形拘之。

乾卦《彖传》说得好："大哉乾元，万物资始，乃统天。云行雨施，品物流形。""乾元"即道，由体起用，才有形形色色的万物出现。流形的"流"字用得神妙，造化自然，随缘触机，确实不可思议。由万物而品物，有了演化层级的差异。人为万物之灵，见天地之心，为物形中的最上品。孟子有云："形色，天性也；惟圣人然后可以践形。"人身难得，人形不易，圣人尽己之性、尽人之性，充分实践和发扬光大了人的天赋。

乾卦《彖传》接着说："大明终始，六位时成，时乘六龙以御天。"很明显，也是看重人在万物万形中的殊异性。大人以继明照于四方，精神文明的光辉灿烂，薪尽火传，堪称宇宙造化的奇迹。

《系辞传》本章所称的形上形下，贯通道器的关键在人，由下文紧接着谈变通行事，即可得知。"化而裁之谓之变"，"化"指自然的造化，"变"指人事的变革，"裁"即泰卦《大象传》称"裁成辅相"之裁。自然的造化未必宜于民生，人还得斟酌裁度，加工改造，以推动文明进步，故而又云："推而行之谓之通。"泰卦的主旨，不就在求亨通吗？

"举而措之天下之民谓之事业"，明确表露《系辞传》作者福国利民的思想，以及重视社会群体实践的精神。这和前段变通以尽利、鼓舞以尽神的主张，完全切合。

往下一大段，已见于《系辞传上》第八章开头，但并非错简重出，而是反复申明。本章既谈到立象的问题，遂以"是故夫象"四字作联结，将已有规范定义的象、爻整段套用，然后再拉回议题，和变通鼓舞的主旨结合。

"赜"是复杂幽深、形形色色。"极天下之赜者存乎卦"，极力赞叹易卦的包罗万象、曲尽人情。"鼓天下之动者存乎辞"，三百八十四爻的爻辞，对各种变化的掌握，精确允当，足以鼓舞天下人积极热情地行动。"化而裁之存乎变，推而行之存乎通"，将前段"谓之"改为"存乎"，理论的定义，转为行动的功效矣！

"神而明之，存乎其人"可谓全章主旨的画龙点睛。"神"为道体阴阳不测之用，"明"指人文光显之功。神能明之，完全得靠人的作为。人能弘道，非道弘人；苟非至德，至道不凝焉。

"默而成之，不言而信，存乎德行"，作为全章的总结，以呼应开头"书不尽言，言不尽意"的问题，真是豁然开朗，劲道十足。一连六个"存"字，本章明示的习《易》之道，继往开来，永世长存。

系辞传下

第一章　其匪正有眚

八卦成列，象在其中矣；因而重之，爻在其中矣；刚柔相推，变在其中矣；系辞焉而命之，动在其中矣。吉凶悔吝者，生乎动者也；刚柔者，立本者也；变通者，趣时者也；吉凶者，贞胜者也。天地之道，贞观者也；日月之道，贞明者也；天下之动，贞夫一者也。

夫乾，确然示人易矣；夫坤，隤然示人简矣。爻也者，效此者也；象也者，像此者也。爻象动乎内，吉凶见乎外，功业见乎变，圣人之情见乎辞。

天地之大德曰生，圣人之大宝曰位。何以守位？曰仁。何以聚人？曰财。理财正辞，禁民为非，曰义。

译文：

八卦相对排列，呈现出丰富的卦象变化；三画的八卦重叠成六画的六十四卦，爻的意义也正式确立；阳爻阴爻相互推移，各种复杂的变化于是产生；依据爻所代表的不同时位，系上精致的爻辞，指引人正确行动。人生一切吉凶悔吝都由行动中产生，阳刚阴柔是爻的本质，所有的变通都是为了趋向合宜的时机；吉凶输赢固然重要，固守正道价值更高。天地自然的道理，因为守恒持正而为人所观仰；日月交替辉映，因为依循常道而焕发光明；天下所有的变动不离其本，化繁为简，都得专一守正。

乾道明确启示人易的道理，坤道柔顺提醒人简的法则，爻象仿效这个而作，卦象模拟这个而立。爻象变动于内，吉凶显现于外，建功立业从不断的变动历练中得来，圣人对世界的热切关怀充分表现在卦爻辞中。

天地最伟大的功能就是创生万物，圣人最重要的珍宝就是时位，如何守住正位？关键在于仁德，如何聚众成事？非钱莫办。理财必须公正、公平、公开以防弊端，才合乎公义原则。

因革损益

本章为《系辞传下》首章，行文语法和《系辞传上》首章有些相似。《系辞传上》从天地自然谈起，本章则直接提卦爻符号，且明显以人事为依归。

后天八卦方位图

"成列"有阴阳相对之义，乾、坎、艮、震四阳卦，和巽、离、坤、兑四阴卦，在后天八卦方位图（如图）中两两相对，呈现出丰富的卦象变化。八卦和八卦相交，三画卦叠积成六画卦，爻的意义正式确立。依据爻在卦中的不同时位，写出精致的爻辞，以深刻反映其变动趋向，指引人正确地行动。人生一切吉凶悔吝，都由行动中产生，所以真正看清楚形势之前，切勿轻举妄动，以免致咎。

爻代表变化，因所处时位不同而有不同的考虑和作为。"因而重之"四字，提醒人所有的变动都有源有本，历史事实是不容割裂的，创新仍建立在对传统的承袭上。

《论语·学而》篇记述有子的主张："因不失其亲，亦可宗也。"旧注亲近应该亲近的人，则可宗法敬重，可谓完全不知所云。"亲"字同《大学》"在亲民"之亲，即"新"之意。因不失其新，因袭传统却不失去创新的能力，这种人才值得学习，才是可开宗立派的人物。《论语·为政》篇云：子曰："温故而知新，可以为师矣！"温故能知新，新由故出，有因有革，这种人才配传道、授业、解惑。《学而》篇有若之言，和《为政》篇孔子之言完全同调，师徒一脉相承。"亲"字必得解释成"新"字，才和有若前面说的话相应："信近于义，言可复也；恭近于礼，远耻辱也。"一味守信、谦恭，反而违礼害义，自取其辱，不值得赞美。同样，只会因循传统，不能创新，也不足以效法。

"吉凶悔吝者，生乎动者也"，震卦大动特动，初九"吉"，上六"征凶"，以吉始，以凶终。艮卦不动，卦辞不见"元亨利贞"，亦不言吉凶悔吝，只强调无咎。爻则以初六"无咎"始，六五"悔亡"，上九转"吉"终。艮卦止欲修行，九三为最难过的天关，爻辞有云："列其夤。""列"同"裂"，"夤"为夹脊肉，僵硬断裂，痛苦不堪。八卦成列、乾坤成列，皆有一分为二、二分为四、四分为八的依序裂解之意。

爻分刚柔为其本性，难以移转，而刚柔之间互动变化，却得以趋时、应时为判准和目标。"趣"同"趋"，为低头疾行之意。人生见大势所趋，欲趋吉避凶，必须快速行动，以掌握先机。但是，吉凶毕竟只是失得之象，此吉彼凶、短空长多之事多有，无须过度计较。真正值得重视的，还是"元亨利贞"的"贞"。"贞者，事之干"，贞固足以干事。蛊卦卦辞无贞，不能固守正道，所以腐乱败坏。"干父之蛊"，力行改革，才能拨乱反正。

贞胜吉凶

万事万物欲长期存在，非贞不可，争千秋不争一时，故而贞才是最后胜出之大道。人生行事，面临重大抉择时，当问正不正，不必太在意吉凶。所以各卦之爻辞言贞吉、贞凶、贞厉、贞吝，而卦辞则多称利贞。爻为一时之变，重个体的考虑，卦则重整体宏观。贞的结果，短期会有吉、凶、厉、吝，长远看却总是有利的。

天地日月，亘古已存，交相辉映，运载不息，也是贞道的显现。乾卦卦辞言元亨利贞，即表示自然运行的法则，以元始，以贞终，然后贞下起元，终而复始，生生不息。贞观之观，即观卦的观，既垂象以示人，人们仰观俯察，深受启发，又从中获得许多智慧。观我生、观自在、观世音，故而自觉觉人，君子无咎。观音菩萨又称正法明佛，由观得正，依正而明，可谓贞观贞明。唐太宗有名的"贞观之治"，"观民设教而天下服"，亦典出于此。

既然吉凶悔吝生乎动，而贞又可超克吉凶，故天下万事万物之动，皆可贞之于一，化繁为简，以简御繁。"贞一"的思想和道家的主张相近，《系辞传》兼容儒道二家之长，于此又见。

老子重一，五千言中处处可见："载营魄抱一，能无离乎？""少则得，多则惑，是以圣人抱一，为天下式。""昔之得一者，天得一以清，地得一以宁，神得一以灵，谷得一以盈，万物得一以生，侯王得一以为天下贞。"天清地宁，神灵谷盈，乃至万物之生，皆由得一而来。末句"侯王得一以为天下贞"，几乎就是"天下之动，贞夫一"的翻版。"一"究竟是什么？答案应为："道生一，一生二，二生三，三生万物，万物负阴而抱阳，冲气以为和。"

既云"道生一"，一即不是道。说"一"是"太极"，"一生二"是"生两仪"，于理亦未洽。熊十力发扬其体用不二、翕辟成变之论，认为一为道体显用，斯名恒转；二为收凝的翕势，以成物；三为同时俱起的辟势，以明心。心物合一，相反相成，遂生无穷之变。此说将老子之言与大《易》三爻成卦之旨牵合，以阐明宇宙变化的法则，理趣深微。无论是否符合老子原意，均可刺激人从易象中去思考"一"的含义。

伏羲神智天启，一画开天地，一实线的阳爻符号，含蕴无穷，乾知大始。有一便有二，这二便与一相反，虚线的阴爻符号，代表坤作成物。有二同时便有三，三不即是一，却根据一而与二反，能转化二以归于和，遂完成全体的发展变化。所谓："乾道变化，各正性命，保合太和，乃利贞。"

复卦五阴下一阳生，纯阴的坤体中，重现阳刚的精神。《象传》所谓："刚反，动而以顺行……见天地之心乎！"正是二生三，三据一转二，以归于和之象。卦序复卦后为无妄卦，《大象传》称："茂对时，育万物。"即三生万物。老子不断强调得一，又称"反者，道之动"，致虚守静以观复，应和复卦原理有关。

建功立业

有贞一之德的复卦，既备乾坤之象，故有小父母卦之称。"乾知大始，坤作成物，乾以易知，坤以简能"，《系辞传上》首章开宗明义的纲领，易简以成的大原则，于《系辞传下》首章再现。

"夫乾，确然示人易矣；夫坤，隤然示人简矣。爻也者，效此者也；象也者，像此者也。"乾坤是一切生生变化的基模，所有爻辞、卦象皆依此而立。易简的自然法则，主导着一切宏观和微观的心物现象。"确然"为坚固高大之貌，明确、精确。《文言传》称潜龙，为"确乎其不可拔"。

"隤然"为柔顺低平之状。乾坤以天地取象，实明心之理与物之势，皆为宇宙间固有知能，历历真实，不容置疑。"示"字本义为三角供桌，桌面摆块肉，以祭祀天地神明，从精诚的天人互动中获得启示。中文以"示"为偏旁的字，全与祭祀有关。《说文解字》释"示"字为："天垂象，见吉凶。"直接引用《系辞传上》第十一章的文句，也算达意了。

既然天地乾坤示人吉凶之象，而爻、象又仿此而作，当然"爻象动乎内，吉凶见乎外"。我们根据卦爻变动的情形，了解形势，做出决策，而行动的结果即吉凶祸福就显现于外。

《系辞传上》十一章称："八卦定吉凶，吉凶生大业。"人生建功立业，必从不断的动变历练中得来。趋吉避凶，开物成务，习《易》的目的即在于此。故本章又称："功业见乎变。"《易经》作者针对人生种种不同的情境所精心撰述的卦爻辞，设想周到，简洁有效。充分显现其深厚的修为，以及建构人文世界的热切关怀，这便是"圣人之情见乎辞"。

正位凝命

自然界最伟大的功能，即创生万物。乾坤二卦之后，接着是象征物之始生的屯卦。人生天地之间，为天地立心，可赞天地之化育，与天地参。《中庸》称："天地位焉，万物育焉。"复卦一元复始，万象更新，继之以无妄、大畜、颐……一直发展到高度精神文明的离卦，所讲述的是人的特殊地位。这种二生三、三生万物，生生不息的人文创造，正是千古圣人一脉心传的最重要的宝藏。

过去专制时代，称皇帝之位为大宝，所谓"荣登大宝"云云。其实"位"为时位，为德位，自性若明，位无贵贱。乾卦《彖传》即云："大明终始，六位时成，时乘六龙以御天，乾道变化，各正性命。"易卦六爻，既代表组织中从基层至高层各各不同的位阶，也象征终而复始的奋斗历程。位不能脱离时，空间规划、权力布局必然与时势变化有关。在每一个不同的时位，我们都得发挥最大的创意，以求取最佳的结果。阳爻居阳位、阴爻居阴位，称当位、得位或正位；反之则称位不当、不正。既济卦六爻位皆正当，遂获成功。未济卦六爻皆不当位，故致失败。渐卦中四爻得位，《象传》称："往有功也。"归妹卦中四爻位不当，卦辞云："征凶，无攸利。"

乾卦九五中正，处于大权在握的君位。《文言传》称："乃位乎天德。"天德好生尚公，君王当善体斯意，为民谋福。若以权谋私，刚愎自用，自然走上上九"亢龙有悔"之路，成了"贵而无位，高而无民"的独夫。小畜卦六四夹处于众阳之间，《象传》称："柔得位而上下应之。"以小事大，费心周旋，爻辞称："血去惕出，无咎。"谦卦九三卑处于群阴之间，爻辞称："劳谦君子，有终，吉。"《系辞传上》称："致恭以存其位者也。"革卦上下易位，鼎卦正位凝命，革故鼎新的非常事业，即与时位、德位攸关。艮卦《大象传》称："思不出其位。"不在其位，不谋其政。震卦《彖传》称："出可以守宗庙社稷，以为祭主也。"既在其位，必谋其政。

得位不易，守位同样艰难，五日京兆不可能有实际贡献。守位的关键在仁，仁为二人偶，意指阴阳两性的结合，可孕育下一代，故有生生之意，果实内的种子便以核、仁为名。复卦一阳复始，初九便取象为仁。

《论语·里仁》篇有云："君子无终食之间违仁，造次必于是，颠沛必于是。"不违仁即能守位。颜渊其心三月不违仁，克己复礼，天地之心耿耿常在，故为复卦义理的代表，入庙称为"复圣"。《中庸》发挥斯义，更有素位而行的观念："君子素其位而行，不愿乎其外。素富贵，行乎富贵；素贫贱，行乎贫贱；素夷狄，行乎夷狄；素患难，行乎患难。君子无入而不自得焉。"

"位"字以人立为义，特别凸显人的价值和功能，"不患无位，患所以立"。居位者若有仁德，既能宽厚待人，且有创造性的表现，如此当然会赢得众人的拥戴。但聚众以成事，仍非钱莫办，金钱不是万能的，但没钱万万不能，所以必须理财。财帛动人心，最容易产生弊端，理财的要点是公正、公平、公开，每笔金钱的流向都要有完整的监控，以防止不肖者上下其手，这才合乎公义原则。"正辞"即义正词严，大公无私，经得起最严格的质询和考验。益卦上九求益过度，立场偏私不正，遂遭外界抨击。《小象传》称："莫益之，偏辞也；或击之，自外来也。""偏辞"，即偏离了正辞的大原则，无论如何曲意回护，皆难服众。

其实天下事简单来说，就是用人和理财。萃卦集结精英以成事，除"王假有庙"的精神共识外，也得有雄厚的物力资源，"用大牲吉"，才"利有攸往"。集资聚众，人才钱财，缺一不可。鼎卦以公权力推动国家建设，任得其人及资金投入是必备要件。《彖传》所称："圣人亨以享上帝，而大亨以养圣贤。"即指此。

《大学》末段讲平天下的伟大事业，也不外乎理财用人："君子先慎乎德，有德此有人，有人此有土，有土此有财，有财此有用……财聚则民散，财散则民聚。是故言悖而出者，亦悖而入；货悖而入者，亦悖而出……惟善以为宝……仁亲以为宝……生财有大道：生之者众，食之者寡，为之者疾，用之者舒，则财恒足矣！"几乎是本章末段义理的翻版，儒门特色表露无遗。

综观本章的行文理路，一直环绕着复卦的人文含义在发挥。吉凶悔吝者生乎动，天下之动贞夫一，仁以守位曰大宝，处处强调人的创造精神。复卦见天地之心，直承乾坤二卦的易知简能。《系辞传上》首章已明易简自然之义，本章再揭示人道生生之理，可谓前后呼应。数千年前《系辞传》的作者或编者，深具匠心，大有《系辞传上》明天道、《系辞传下》演人事之意。

复卦之后为无妄卦，天地之心虽现，仍须加意修持，才能历经大畜、颐、大过、坎等卦的重重考验，而绽放离卦所象征的光辉灿烂的精神文明。天命无妄，宇宙人生真实不虚。但人心惟危，道心惟微，贞一精一的功夫，谈何容易？稍一偏离失正，即涉虚妄。无妄卦辞继"元亨利贞"

之后，有云："其匪正有眚，不利有攸往。"确是人生修行、性命交关的经验之谈。此关若过，大畜卦续言利贞，内外兼修，而获颐卦养正之吉。贞正之道，不受形体年寿之限，肉身陨灭之后，仍薪尽火传，"大人以继明照于四方"。历经大过之颠灭、习坎之重险，而后终至"重明以丽乎正，乃化成天下"。离卦卦辞再云利贞，以为天生人成之总结。上经三十卦所述，实即源于"贞观"，动于"贞一"，成于"贞明"。贞胜吉凶，孰云不宜？

第二章　制器尚象

古者包牺氏之王天下也，仰则观象于天，俯则观法于地，观鸟兽之文，与地之宜，近取诸身，远取诸物，于是始作八卦，以通神明之德，以类万物之情。作结绳而为罔罟，以佃以渔，盖取诸离。

包牺氏没，神农氏作，斫木为耜，揉木为耒，耒耨之利，以教天下，盖取诸益；日中为市，致天下之民，聚天下之货，交易而退，各得其所，盖取诸噬嗑。

神农氏没，黄帝尧舜氏作，通其变，使民不倦，神而化之，使民宜之。易穷则变，变则通，通则久，是以自天佑之，吉无不利。黄帝尧舜垂衣裳而天下治，盖取诸乾坤。

刳木为舟，剡木为楫，舟楫之利，以济不通，致远以利天下，盖取诸涣。服牛乘马，引重致远，以利天下，盖取诸随。重门击柝，以待暴客，盖取诸豫。断木为杵，掘地为臼，臼杵之利，万民以济，盖取诸小过。弦木为弧，剡木为矢，弧矢之利，以威天下，盖取诸睽。

上古穴居而野处，后世圣人易之以宫室。上栋下宇，以待风雨，盖取诸大壮。古之葬者，厚衣之以薪，葬之中野，不封不树，丧期无数，后世圣人易之以棺椁，盖取诸大过。上古结绳而治，后世圣人易之以书契，百官以治，万民以察，盖取诸夬。

译文：

上古伏羲氏治理天下，仰观天象，上探宇宙星云的运转规律，俯察地理，研究山河大地的构造法则，再比较鸟兽行经地面所留下的足迹，与各方不同水土所适合生产的百果草木，从近处取人的身体，从远处取各种事物作为象征，于是首先创作了八卦，用来通晓自然造化生生不息的作用，以及各种各类事物的实情。他发明了结绳制作成罗网供狩猎和捕鱼之用，这大概就是中虚而孔目相连的离卦的象。

伏羲氏过世后，神农氏继起，他砍削树木做犁头，揉弯做曲柄，发明农耕而有收获，以教导天下人民，大概就从上巽柔下震动的益卦而得的启示。又规定中午为买卖时间，招揽天下民众，聚集各种货物，交易后各获所需、返回本处，大概是从上离日下震动的噬嗑卦得到灵感。

神农氏过世，黄帝、尧、舜先后兴起，他们通权达变，使民众不会厌倦，政治管理出神入化使民众生活合宜。易理教人旧方法不行就得变化创新，创新后又能通行很长一段时日，所以若有天命相助般吉祥，没有任何不利。黄帝、尧、舜善于无为而治，以德行作为天下万民表率，华夏衣冠文物鼎盛，天下太平，大概是从乾坤二卦取法，上衣下裳，君主民从。

剖空树木造船，削尖树木做桨楫，用来济渡江河，通航到远方而便利天下，大概从涣卦取象，上卦巽为风、为木，下卦坎为水、为险。驾驭牛使拉车负重，骑马通行远方，使天下交通便利，大概是取象于随卦，下卦震动而上卦兑悦吧？古代城防设多重门禁，另有敲击梆子机动示警，以防备外敌入侵，大概是取象于豫卦，外卦震动内卦坤为土地民众。砍断木头做捣杵，挖掘地面为土臼，舂米加工以供天下万民食用，大概是取象于小过卦，上卦震动为木，下卦艮止为土。弯曲木条且在两端系上弦绳做弓，削尖木头做箭，以弓箭威慑敌人，大概取象于睽卦，上下内外猜疑斗争吧。

上古时代居住在洞穴而散处野外，后代圣人营建房屋，上有栋梁下有檐宇，可遮风挡雨，改善了居住条件，大概取象于大壮卦，上震下乾四阳连成一片，稳固厚实。上古丧葬只用薪材厚厚裹缠遗体，埋在荒野之间，不封土为坟，也不种树或立碑以表示身份，更没有一定的守丧日数与繁复的礼法，后代圣人发明棺椁以改变习俗，大概取象于大过卦，上卦兑为泽，下卦巽为入、为木，中间四阳全陷于上下二阴之中。上古结绳记事，后世圣人发明契刻文字，政府百官用以治理政务，天下万民记载日常琐事，文明得以传衍，大概取象于夬卦，积累五阳的经验与记录，做出适宜的决断。

通德类情

本章首段先明作八卦的缘由，等于是交代《易经》的缘起，而后顺势由伏羲谈起，经神农、黄帝、尧、舜，而至所谓的后世圣人。历数中华文明的发展及重大民生器制的发明，是很有意思的一篇传文，宜活看，而不宜拘执。

《系辞传上》第十章云"《易》有圣人之道四"，其三为"以制器者尚其象"，本章即是制器尚象的例证。从离卦至夬卦，共一十三个卦，涵盖了民生制器的基本层面，其创造发明的巧思，均暗合于卦象易理。《系辞传上》十一章称："见乃谓之象，形乃谓之器，制而用之谓之法，利用出入，民咸用之谓之神。"象在形前，为制器所资，设计得好，可供民生日用，而发挥神妙的功效。象无定形，仅是个活泼的创作意念；器则有定形，使用得循其规范。

"包牺氏"即伏羲氏，传说中的中华人文之祖，易学开山的大宗师。甘肃天水有伏羲故里、河南淮阳有太昊陵，据称距今约六千五百年。此说自然难有确证，但历代相传总有渊源，伏羲肯定代表华夏文明一个重要的发展阶段。

"仰观天象",上探宇宙星云的运转规律;"俯观地理",研究山河大地的构造法则。天曰"象",地称"法",法有水平矫直之义。《系辞传上》首章云:"在天成象,在地成形。"第十一章亦称:"法象莫大乎天地。"

"鸟兽之文",指动物行经地面所留下的足迹。累积观察经验,可由行迹推知何种动物经过,这种技能对渔猎时代的先民非常重要。"地之宜"即土产,各方水土不同,所适合生产的百果草木亦异。扩大来说,连居住人民的风俗、才性皆有不同。这些都得深入观察研究,是以观卦《大象传》有云:"风行地上,观。先王以省方观民设教。"先秦古籍中,《尚书·禹贡》及《管子·水地》篇,于此多有发挥。

宇宙为一大天地,人身为一小天地,具体而微,充满了生命长期演化的奥秘。佛经说人身难得,不知历百千万劫才修成,确应珍重此身。伏羲除了观察自然界的天象地理、鸟兽虫鱼,更深研身体这内在空间的机制,以及身外所有事物的变化规律,依此而创作了八卦。八八六十四卦这套精致的认知系统确立之后,先民即可借此通悟自然及人生的奥秘,并了解万事万物的实情。

"神明之德",实即自然造化的大能,《系辞传》中多处言及。神是道体起用、变幻莫测的力量,能肇始天地,形塑万物。故而《系辞传上》第五章称:"一阴一阳之谓道……阴阳不测之谓神。"《说卦传》则云:"神也者,妙万物而为言者也……然后能变化,既成万物也。""明"则是继承神之用、终而复始、生生不息的现象。神不可见,"明"则历历昭著,尤以人类所创造的精神文明为最。乾卦《彖传》称:"大明终始,六位时成。"离卦《大象传》云:"明两作,离。大人以继明照于四方。"皆揭明此义。《系辞传上》末章:"神而明之,存乎其人。"更简洁明快,昭示人在自然界中继往开来的关键地位。通神明之德,实即明天人之际,与天地参。既与天地参,人就有化育万物的责任,就得分门别类,精研万物之情。《系辞传上》第四章所云"知周乎万物,而道济天下""范围天地之化而不过，曲成万物而不遗"，正为此义。而该章之首即称："易与天地准……仰以观于天文，俯以察于地理。"完全和本章的说法相合。

"类万物之情"的"类"字，是中华文化相当重视的基本功夫。分门别类、触类旁通、类型、类推、模拟、类似、类同……懂得了类，才能充分圆融地认知这个世界。《易经》六十四卦、三百八十四爻，以及爻变所成的四千零九十六种变化类型，描绘宇宙人生，细腻至极。《系辞传上》首章先称："方以类聚，物以群分。"第九章续云："引而伸之，触类而长之，天下之能事毕矣！"

《彖传》及《象传》，亦有多处言及"类"字。同人卦通天下之志，欲图世界大同，得先处理好各民族文化差异的问题，《大象传》称："君子以类族辨物。"颐卦六二，上下求养，前遇重阴，《小象传》云："六二征凶，行失类也。"中孚卦六四，摆脱初九民意的拥戴，上承九五，表态以避嫌，《小象传》云："马匹亡，绝类上也。""类"字似乎皆指阴阳相合。

睽卦《彖传》有云："天地睽而其事同也，男女睽而其志通也，万物睽而其事类也。""睽"是乖违反目，事同、志通、事类，却又有相反相成之义。引天地男女为证，所谓触类旁通，确实应指异性。错卦又称旁通卦，六爻全变，卦性彻底对反。所谓犬牙交错，借他山之石以攻错，正因为阴阳大不同，密切结合起来，才有生机。

坤卦《彖传》以"至哉坤元"起首，竭力发挥乾坤配合无间之义。"牝马地类，行地无疆。"依《说卦传》，乾为马（良马、老马、瘠马、驳马），坤为牛（子母牛），而坤卦以牝马取象，正彰显牝牡交合，并驾齐驱。天马行空固然理念高远，牝马行地，更见落实功夫，故以"类"字形容。

"西南得朋，乃与类行。"后天八卦方位，从东南至正西皆属阴卦。坤卦若安分守己，待在西南半壁，不与乾卦争锋，自然刚柔互济，和乾卦所代表的阳刚势力友善相处，且能协力共进。若不如此，还强行侵入东北半壁，必然造成对立紧张，丧失原可为善结交的朋友，而激发阴阳大战。此即上六爻辞的惨烈情境："龙战于野，其血玄黄。"《文言传》释云:"阴疑于阳必战,为其嫌于无阳也,故称龙焉;犹未离其类也,故称血焉。夫玄黄者,天地之杂也,天玄而地黄。"龙是乾阳的意象,血是阴阳相杂所生。嫌于无阳,实际阴中有阳,未离其类,阴极尚可转阳。孤阴不生,独阳不长,阴阳合才成类,人类、物类、事类,皆不例外。是故乾卦《文言传》九五有云:"同声相应,同气相求,水流湿,火就燥,云从龙,风从虎,圣人作而万物睹。本乎天者亲上,本乎地者亲下,则各从其类也。"

正因为"类"字有阴阳合之义,类万物之情,才抓得住万事万物阴阳互动的情实。一阴一阳之谓道,阴阳不测之谓神,由体致用,一切有情世界,皆由阴阳互动而生。天命之谓性,性发之谓情,情对于现实世界的影响,至深且巨。《易经》所有卦爻辞,皆扣情而发。

咸卦少男追求少女,慕少艾之情,人皆有之,其《彖传》称:"观其所感,而天地万物之情可见矣!"恒卦长女追随长男,白首偕老,历久弥新。《彖传》称:"观其所恒,而天地万物之情可见矣!"萃卦相遇而后聚,精挑细选,以期出类拔萃。《彖传》称:"观其所聚,而天地万物之情可见矣!"三大情卦皆集于下经,亦可见人事人情之复杂难理。乾卦《文言传》云:"利贞者,性情也……六爻发挥,旁通情也。"情须贞正,方与性合。情之所至,千诡万变,必须用尽触类旁通的功夫,才得以知悉掌握。

身体空间

伏羲画卦"近取诸身",对人身体的奥秘多有探讨,确非空言。阴阳爻的基本符号取象男女的生殖器,已近乎易学共识。《说卦传》述八卦取象,有专章论及身体:"乾为首,坤为腹,震为足,巽为股,坎为耳,离为目,艮为手,兑为口。"以卦形想象,颇为贴切,也确实影响了卦爻中从身体取象的部分。

今本《易经》初爻以趾为象者,有噬嗑、贲、大壮、夬等卦。以臀为象者,有夬卦九四、姤卦九三的"臀无肤",以及困卦初六的"臀困于株木"。以股肱为象者,有明夷卦六二的"夷于左股"、丰卦九三的"折其右肱"。其他如噬嗑卦六二"灭鼻"和上九"灭耳"、贲卦六二"贲其须"、剥卦六四"剥床以肤"、明夷卦六四"入于左腹"、解卦九四"解而拇"、夬卦九三"壮于頄",等等,以寓意说理,皆极精彩。

尤其值得注意的是咸、艮二卦,六爻全以身体取象,堪称大《易》的一对肉身卦。"咸"为无心之感,谈身体各部位的自然感应、感受及情欲。"艮"为止欲修持,针对"咸"的感应,下克治功夫。依卦序,咸卦居重人事的下经之首,开启身体奥秘的探索。艮卦居第五十二卦,从咸卦至艮卦,已累积了许多体验的知识。人情感之不当,伤害甚深。咸卦六二《小象传》称"顺不害"、九四云"未感害",皆透露其中信息。咸卦旁通的错卦为损卦,损卦《大象传》称:"惩忿窒欲。"其目的即在远离感情嗜欲的伤害。故《系辞传下》第七章论忧患九卦,有云:"损以远害。"

咸卦初六"咸其拇",艮卦初六"艮其趾",其间连带关系为何?"拇"为大脚趾,五个脚趾的感应都不一样,称"咸其拇",不称"咸其趾",可见其细腻敏感的程度。咸卦初六《小象传》云:"志在外也。"初六和九四相应与,九四为心动之象,心动导致行动。初六爻变成革卦,表示一旦行动即有剧烈变化。至于变好或变坏,爻辞未言吉凶,全视个人修养和智慧而定。"咸其拇"为自然反应,"艮其趾"为修行克治,只用一套功夫约束五个脚趾的行动。继"艮其趾"之后,爻辞续云:"无咎,利永贞。"再三叮嘱,看来人一旦想动,要止住还真不容易。

咸卦六二"咸其腓",小腿肚受感应,爻辞续云:"凶,居吉。"本身已做了一动不如一静的判断。艮卦六二"艮其腓",却又称:"不拯其随,其心不快。"六二上承九三,受连带牵引,想止也止不住。身的不由自主,触发了心的不痛快。

咸卦九三爻辞云:"咸其股,执其随,往吝。"大腿有感应,已很接近生理冲动的危险区。此爻过刚不中,又当下卦艮的主爻,受上卦兑之主爻上六强烈影响,少男少女情投意合,再难把持。艮卦九三爻辞云:"艮其限,列其夤,厉熏心。""限"为上下体分界处,即腰部,"夤"为背脊肉。腰受抑制,僵硬难以旋转,会引发脊肉痛楚,好像要裂开似的,如烈火烧心般难受。九三爻变成剥卦,千刀万剐,不利有攸往。此爻牵动身心部位既深且广,堪称止欲修行历程中最大的难关。

咸卦九四爻辞云:"憧憧往来,朋从尔思。"心神不定,意乱情迷,本爻变为蹇,有难行之象。"憧"为童心,小孩识世未深,对未来充满不切实际的憧憬幻想,注意力也欠集中,经常会为不断出现的新事物所吸引。所以想归想,很难真正成事。针对此弊,爻辞先言"贞吉悔亡",必下正心诚意之功,方能免害。

人体身心的交互作用,见于艮卦六二及九三。心不快、厉熏心,随着感觉情欲的深化,心灵的痛苦也愈剧烈。艮卦六四爻辞云:"艮其身,无咎。"《小象传》称:"止诸躬也。"反躬自省,意诚而后心正,心正而后身修,可获无咎。

韬光养晦

咸卦九五爻辞称:"咸其脢,无悔。"《小象传》云:"志末也。""末"指上六,正值上卦兑的感情宣泄口,爱说爱表现。九五与之相邻,阴乘阳、柔乘刚,为欲望蒙蔽理智之象,必须竭力克制,才能无悔。"脢"同艮卦九三之夤,为背脊肉。介乎心口之间,居咸卦君位,为全身所有感应的主控中枢,感应力量强大。正因如此,不得随意宣泄,以免伤人害己。心中所想,口中未必宜言。《说卦传》云:"兑为口舌,为毁折。"最高领导者必须深藏不露，谨言慎行，学会控制自己的感情，练就一身铜皮铁骨，以任大事。所谓"政心无情"，即为咸卦九五之义。

"脢"字的右边为"每"，依《说文解字》，为"草盛上出"之意。表示物事很多，非仅一端。人体背肉肥厚，多处筋脉相连，乃万感交集之处。人君位当辐辏，日理万机，为反应决策的中枢。海、毓、晦、悔、敏、诲、侮等字，皆以"每"为组成部分，亦和"咸其脢"的意蕴相通。人君深沉如海，难测机深，对民众有养育教诲之责，不宜轻举妄动以致侮或招悔。虽然对周遭形势变动极度敏感，但仍要韬光养晦。明夷卦《大象传》云："君子以莅众，用晦而明。"就是这个道理。咸九五爻变，成小过卦，其卦辞称："可小事，不可大事……不宜上，宜下，大吉。"为了大局着想，必须谨小慎微。

咸卦九四"贞吉悔亡"，本宜有悔，治心得当，而使悔恨消亡。九五"无悔"，修为更上一层，哀乐不入，根本不会有悔。由悔亡至无悔的精进功夫，《易》卦中多见。例如未济卦九四、六五，大壮卦九四、六五，涣卦九二、六三等皆是。

咸卦九五的深藏不露，亦可于兑卦九五的表现证知。兑卦本为热情洋溢之卦，心有所感，自然表现于外在的言行。情之所至，忘劳忘死，也无怨尤。但九五处君位不宜如此，爻辞独不言"兑"，反称："孚于剥，有厉。"拱默不言，情深难测，竭力克制上六"引兑"的诱惑，游移于天人交战之际，相当辛苦。

咸卦上六爻辞云："咸其辅颊舌。"《小象传》称："滕口说也。"意义很明白。其实，兑卦上三爻的情境，和咸卦上三爻极似。除九五、上六关系相近外，九四也根柢相通："商兑未宁"和"憧憧往来，朋从尔思"，皆为心乱之象。"介疾有喜"，就是"贞吉悔亡"。

人的饶舌冲动太强，易败坏人君大业，故而艮卦六五对症下药。其爻辞云："艮其辅，言有序，悔亡。"并非完全不言，而是言必有中，出言前须经审慎思考。

综合以上讨论，可知咸、艮二卦间，确有千丝万缕的对应关系。"艮其趾"对"咸其拇"，"艮其腓"对"咸其腓"，"艮其辅"对"咸其辅颊舌"，"列其夤"对"咸其脢"。"其心不快""厉熏心""艮其身"，又和"憧憧往来"有关。咸卦六爻的自然反应，经艮卦五爻的节欲修持，累日积行，便成艮卦上九"敦艮吉"的圆融境界。

归根复命

"近取诸身"，并不限于爻辞有明言的部分，而是已普遍深入各卦卦象的结构。人体直立时的六大关节，踝、膝、胯、腰、椎、颈，可以一卦六爻来代表，其间连动的关系，似已在节卦中说明。节卦卦辞云："亨，苦节不可贞。"人体的关节最易藏污纳垢，若不适度运动以调护，其僵痛有难以言喻者。《彖传》称："刚柔分而刚得中。"初九立足宜稳，九二膝盖适度回旋，六三、六四腰胯宜柔，九五背脊坚实中正。而六四安承九五之亨，更点出腰背的联动关系。前述艮卦九三爻辞："艮其限，列其夤，厉熏心。"其中道理，于此可得反证。

节卦下卦全变，成蹇卦。"蹇"为寒足，风湿痛、关节炎等症即为此象。节卦上卦全变，成睽卦，上下体各行其是，难以协调。睽、蹇相错旁通，皆由失节所致。欲免身心遭此痛苦，可运用综卦的原理以整治之。涣、节一体相综，涣卦诸爻爻辞，如"涣奔""涣其躬""涣汗其大号""涣其血"，都是借着适度运动，以散其郁积，活络气血。遂获节卦爻辞中之"安节亨""甘节吉"。

身心难以分离，健身还得养心，身心运作的基本规则全在复卦。其卦辞云："亨，出入无疾。"太极拳中和缓松柔的肢体动作，以及反复旋转的螺旋形曲线，甚至生命基因DNA的组合方式，都在体现一元复始、万象更新的奥义。乾坤取象天地，为父母卦，复则为具体而微的小父母卦，实在阐扬人体造化的奇迹。乾卦九三居人之正位，精进不懈，《小象传》称："反复道也。"坤卦初六脚踏实地，爻变即成复卦。大天地与小天地交融互摄，难怪复卦《象传》赞叹："复，其见天地之心乎！"

其他诸多卦爻皆受复卦的影响。履卦的字义为"主于复"，故其实践的终极境界，为上九"其旋元吉"。小畜卦密云不雨，僵局难耐，初九强调"复自道"。泰卦彻底通畅，九三称"无平不陂，无往不复"。解卦完全放松，心念形体皆无所系，足以化解其综卦蹇的壅塞，其卦辞有云："其来复吉。"睽卦初九居睽之始，其爻辞亦云："丧马勿逐，自复。"

老子对复卦的境界，亦有如下描述："致虚极，守静笃，万物并作，吾以观复。夫物芸芸，各复归其根；归根曰静，是谓复命；复命曰常，知常曰明，不知常，妄作凶。"归根复命是生命的常道，由致虚守静而来。修习太极拳始终强调和柔虚静，待松透之后，内劲乃源源而生，对天地万物的感知，亦呈高度灵敏的状态。这种身心自觉，《系辞传下》第七章称为"复以自知""复，小而辨于物"。

依《易经》卦序，复卦之后为无妄卦，起心动念，举手投足，一切真实不虚。无妄卦九五爻辞云："无妄之疾，勿药有喜。"内在真气充实，一些身体的毛病均可不药而愈。无妄卦之后为大畜卦，其《大象传》称："君子以多识前言往行，以畜其德。"心灵作用已大为彰显，能涵摄一切世间知识，以为己用。孟子称此境为："万物皆备于我，反身而诚，乐莫大焉。"

大畜卦之后，为全面论述养生之道的颐卦。颐卦内卦震有主，旋动甚深，外卦艮沉稳，不动如山，正是上乘的练功境界。而中间四柔爻，包在二刚爻之内，又呈现所有卦象中最大的内在空间。从颐卦再往深广处修炼，有可能突破大过卦、坎卦的生死玄关，达到身、心、灵合一的离卦境界。离卦居上经之末，为自然演化之极境，其《大象传》称："大人以继明照于四方。"薪尽火传，永垂不朽。

网际人生

制器尚象十三卦，首先登场的是离卦。离外实中虚，孔目相连，有纵横交织的网罟之象。作为人类文明的象征，可谓惟妙惟肖。人类懂得结绳后便进入渔猎时代，以绳网捕获生存所需物资。尔后社会愈发展愈复杂，形成息息相关的组织网络，通讯联系，互利共生。网愈织愈密，固然促进文明的繁荣发展，却也加速了灾难的传播。金融风暴、生态污染、黑客入侵、核战争，已成人类挥之不去的梦魇。

"离"依《说卦传》，为附丽，两头鹿相依相偎，伉俪情深，本为聚合之意。但分离、离散、离开，又恰恰与之相反。这种集正反两含义于一字的现象，仍可以网罟之象说明。渔网的孔目太宽，漏网之鱼必多；孔目太细，大多留在网上。目标物是离是合，决于孔目设计的尺寸。一旦网破，原来依附相合的也会分离。就生态维护的观点而言，网的孔目不宜太密，一网打尽，未来无鱼可捕。孟子说"数罟不入洿池""斧斤以时入山林"。组织网络、人际网络的规划布建，亦复如是。必须订出规格，设立门槛，不宜大小通吃。更往大处想，人类文明的发展应知所节制，否则物极必反，会引发生态的浩劫。

离卦《大象传》云："明两作，离。大人以继明照于四方。"很明显，"离"字有永续的含义。六二"黄离"、九三"日昃之离"、六五《小象传》称"离王公"，各从不同时位，敷演离合之旨。否卦九四"畴离祉"，时当景气复苏之点，一些指标性的主力产业，会带动上下游的关系产业上升，从而形成可观的群聚效应。渐卦九三《小象传》云："夫征不复，离群丑也。"孤雁离群，脱离了应固守的网络关系，躁进致凶。小过卦上六"飞鸟离之"，尝试奋飞脱离引力圈，终究力竭，坠入天罗地网。《序卦传》称："涣者，离也。"《杂卦传》也说："涣，离也。"系出同源，渐行渐远，但仍有千丝万缕斩不断的关系。故涣卦后，又有适可而止、仍受节制的节卦。《文言传》乾卦九四称："进退无恒，非离群也。"关心人群社会，不受上下台任职退职的影响。《文言传》坤卦上六称："犹未离其类也，故称血焉。"阴阳合为类，彼此互动以和为贵，切勿逾越了该谨守的分寸。

"佃"字即田猎之"田"，以罗网取兽。《易经》经文中的"田"字，可说全是田猎之意，而非种田。师卦六五"田有禽"，打仗须师出有名，为何而战，为谁而战，有明确的作战目标。恒卦九四"田无禽"，盲目打猎，一无所获。一开始即定位错误，虚耗再久，也是白搭。解卦九二"田获三狐"，洞悉敌情，仍按兵不动，以待最佳时机。巽卦六四"田获三品"，长期默默经营，上下通吃，获利丰富。乾卦九二"见龙在田"，与其说田地上出现了龙，不如说龙现于田野，准备角逐大位，一朝飞龙在天。以狩猎比喻人生的种种追求，结网布局，弯弓搭箭，确实贴切，是以爻辞中行猎的意象特别多。

除狩猎外，捕鱼的活动也很盛。姤卦九二"包有鱼"、九四"包无鱼"，显示渔获的独占性，生存竞争须掌握恰当时机。剥卦六五"贯鱼"，善于顺势整合串联，可扭转众阴剥阳的不利杀机。井卦九二"井谷射鲋"，资源贫乏，水浅难养大鱼。井水中放小鱼，可能是测试毒性，保障饮用安全。中孚卦"信及豚鱼"，精诚所至，金石为开，能孚众望，必可利涉大川。

《易经》经文，渔猎、畜牧生活的经验居多。农耕活动绝少，仅见于无妄卦六二："不耕获，不菑畬，则利有攸往。"可见经文传承甚古。农耕生活较偏静态，难以遍喻人生的多彩多姿、千变万化。

食货政治

接着离卦之后，便是有农耕之象的益卦，这个时代以伏羲氏后的神农氏为代表。"耒耜"为农具，即耕田的犁，"耜"为削锐的犁头，"耒"为弯曲的耜柄。益卦下震阳木，深动入土，上巽阴木，腾挪操控，正是犁田而有收益之象。由渔猎而农耕，人群生活渐趋安定，粮食生产也有了较稳妥的保障，商业遂应运而生，使部落与部落间能互通有无，交换生存资源。

噬嗑上卦离，为日照，下卦震，为众人交易的动态，有日中为市之象。"噬嗑"本是为吃而合，有严酷的生存斗争之理，必须制定明确的互动规范，以约束商场秩序。其卦辞称："利用狱。"《大象传》云："明罚敕法。"

农业、商业的基本体制确立，社会即进入政治组织时期，以经营管理日趋复杂的生产和分配活动。《尚书·洪范》阐明为政大纲，次三曰"农用八政"，前二项即为"食"与"货"。制民之产，通其有无，永远是国计民生的基础。

乾为君，坤为民众，二卦间的互动，显示领导统御及顺势配合之理。黄帝、尧、舜为上古时期的名君，政绩卓著，遂作为政治文明的代表。政事经纬万端，与时俱进，必须通权达变，才能解决不断新生的问题；拘泥死守僵硬的意识形态，必遭人民厌弃。"使民不倦"只是政权永续的最低标准，伟大的政治家尚须更进一步，积极营造美好的生活环境，以吸引民众追随，这就需要出神入化的政治智慧。随卦上六云："拘系之，乃从维之，王用亨于西山。"周朝兴旺的故事，堪称典范。泰卦《大象传》云："后以裁成天地之道，辅相天地之宜，以左右民。"亦明白揭示，当政者"使民宜之"的责任。

穷则变，变则通，通则久，久了若穷再变，这是历史演化循环的大法则。为政若通晓此理，即可畅行天下，若蒙天佑。"自天佑之，吉无不利"为大有卦上九爻辞，在《系辞传》中一再出现，可见极受重视。"垂衣裳而天下治"，有无为而治、以简御繁之效。《易传》中言"天下治"仅三处：蛊卦《象传》"蛊元亨而天下治也"；乾卦《文言传》"乾元用九，天下治也"；以及此处的"垂衣裳而天下治"。"天下治"非泛语，实即天下为公、群龙无首，为大同世的最高政治理想。

乾卦九五"飞龙在天"，为雄才大略的强势领导，若无九二"见龙在田"的积极配合，难成大业，甚至刚愎自用，走上专断独裁的"亢龙有悔"之路。坤卦六五"黄裳元吉"，上衣下裳，实寓民贵君轻、人民做主的共和理想，至少也是虚怀待下、合理授权的柔性管理，实际绩效比飞龙在天好得多。六十四卦的君位，九五、六五各半，总括来说，六五的领导方式绩效均较佳。临卦自由开放，全民共和，六五爻辞称："知临，大君之宜，吉。"鼎卦共和新政，《大象传》云："正位凝命。"坤卦六五《文言传》称："正位居体……畅于四支，发于事业。"二爻皆谈正位，理念完全相同。

"群龙无首"的最高理想，非一蹴可就；"飞龙在天"的寡头格局，又存在致命的弱点。那么改善方案何在？乾卦《彖传》末，提出了解答："首出庶物，万国咸宁。"领袖须从众人之中选出，知民间疾苦，具民意基础，且接受民意监督，可兴可废，有任期限制。如此，最高权力的来源合理化，天下万国不必再动刀兵，以攘夺大位，自然太平可期。乾坤两卦以垂衣裳为象，除了政治组织之外，也有衣冠文物为天下楷模之意。黄帝、尧、舜在华夏民族的发展史上，有其特殊地位。

农耕取诸益卦，商业取诸噬嗑卦，已明显为六画卦的观念。前文所称伏羲作八卦，应以六十四卦来理解。重卦的完成一定早之又早，绝不可能周文王时才完成。

交通国防

政治组织发达后，自然促进水陆交通的拓展。国际交往一旦失和，也会面临战争的威胁，而须有所部署。

涣卦上巽下坎，巽为风也为木，有乘风使帆、舟行水上之象。其《彖传》称："利涉大川，乘木有功。""刳"是剖而使空，"剡"是斩削使锐，舟楫既备，便可顺利通航。涣卦《彖传》又云："亨，刚来而不穷，柔得位乎外而上同。"涣卦的结构组成与否卦有关，否卦九四来居下卦二位、六二往居上卦四位（如图），即成涣。否卦内外不通，调整成涣后，变为畅通。散其积郁，由近及远，故称舟楫之利，以济不通，致远以利天下。

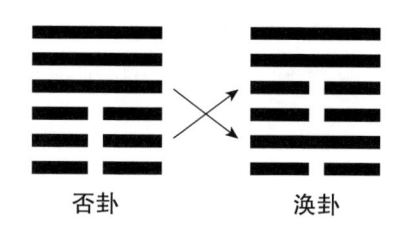

$$否卦 \quad \times \quad 涣卦$$

随卦顺性自然，因物制宜。牛性耐劳，使之拉车负重，马性矫健，使之行远。随有络绎不绝的陆运之象，爻辞多言交、系、维。上六为随卦的极境："拘系之，乃从维之，王用亨于西山。"善用物力民心，共效驱驰，必成兴盛大业。水陆运皆强调做牛做马，致远以利天下，交通建设实为一切民生经济之本。孙中山当年上书李鸿章，主张人尽其才、地尽其利、物尽其用、货畅其流。民国成立后，又想自任交通建设相关的职务，确为宏识。泰卦卦辞云："小往大来，吉亨。"经济繁荣，国泰民安，必依赖于所有资源运转的畅通无阻。初九《小象传》"拔茅征吉"，实即基础建设的系统规划。交通网络发达后，遂有九二的通联效果："包荒，用冯河，不遐遗。"无论多遥远荒僻的地方，皆可纳入市场经营。

豫卦，雷出地奋，"利建侯行师"，为战备之象。古代城防有外郭、中城、内城好几道防线，一旦外城失守，还有退保余地。除了固定的防御设施外，另设置机动巡行的预警人员，一旦发现强敌入侵，击柝示警，以照应防线可能出现的死角。"柝"即木制或金属制的梆子，军中传讯之用。《木兰辞》有吟："朔气传金柝，寒光照铁衣。"兵法守者为主军，攻者为客军，故称"重门击柝，以待暴客"。

防御作战必须储备足够的粮食，古人以杵臼捣谷，以备食用，算是粮食加工过程。《周礼·地官》中设有舂人一职。小过卦上震动、下艮止，震为木。二阳积聚在内、四阴包夹在外，又有大坎甚陷之象。断木掘地，舂谷以供万民之用。

一味防御非兵法善策，两国相争也得主动出击。"弧矢"即弓箭，亦犹今日之导弹，为威慑敌人之利器。睽卦猜疑相争，反目成仇。上九为睽极之爻，即云："先张之弧，后脱之弧。"

"耒耨之利""舟楫之利""臼杵之利""弧矢之利"，"农用八政"以"食货"始，以军事作战的"师"为终（八曰师）。政治组织各部门的功能划分，皆为解决民生问题。

安居乐业

往下是居住问题：上古穴居野处，冲冒雨雪霜露，生活环境恶劣，后世营建屋宇，安逸舒适。大壮卦四阳在下，稳固厚实，以承在上二阴，有宫室之象。屯卦象征草昧之时，初九爻称："磐桓，利居贞。""磐"为坚石，可为地基，"桓"为耐久之木，宜做栋梁。"磐桓"实即营建屋室，以利居处。《杂卦传》云："屯，见而不失其居。"新生生命首要之务，即在寻求适当居处。

屋室之内还得有人，作息与共，温情洋溢，一旦人去楼空，反而倍增萧索。困卦六三云："入于其宫，不见其妻，凶。"内外交困，众叛亲离，真是人生惨酷之境。丰卦上六云："丰其屋，蔀其家，窥其户，阒其无人，三岁不觌，凶。"丰盛过了头，财大气粗，断了跟人群正常的联系。正应了"眼看他起高楼，眼看他宴宾客，眼看他楼塌了"的俗谚，走上丰极转旅、"穷大者必失其居"的路途。旅卦失时、失势、失位，寄人篱下，爻辞所言次、处、巢等，仅容暂时栖身，还朝不保夕，和自有居室的安乐稳定，真是天差地远。

有鉴于此，居上位者必不可苛刻待下、剥削基层。剥卦《大象传》遂云："上以厚下安宅。"既然人人向往安居乐业，真正的王道思想必须以此为鹄的，号召天下，勉力达成。孟子称大丈夫应"居天下之广居，立天下之正位，行天下之大道"。涣卦九五则云："涣汗其大号，涣王居，无咎。"《小象传》补注："正位也。"

穴居野处虽然落后，善用之仍可自保无咎，或进而创发大业。"龙战于野"，固然惨烈，乾为君、坤为民，实寓有人民揭竿起义之旨。无论胜负，皆有促进社会日趋进化之机。坤卦之后为屯卦，草创新生，"动乎险中，大亨贞"。尤其初九《小象传》，透露新机："虽磐桓，志行正也；以贵下贱，大得民也。"民为贵，君为轻，这样的清新社会才有希望，才充满了创造力。临卦主张全民政治，自由开放，初九《小象传》亦云："咸临贞吉，志行正也。"

"龙战于野"，是以战争建立民治政体，难免两败俱伤。"同人于野"，则是以和平手段，群策群力推翻否局，缔造均富大同的社会。"礼失求诸野"，"质胜文则野"，野之时用大矣哉！

需卦健行遇险，耐心摸索涉大川，过程中可能躁进、出问题。六四爻辞云："需于血，出自穴。"六四爻变成夬（如图1），阴阳决战一触即发。上六爻辞云："入于穴……敬之终吉。"上六爻变成小畜（如图2），以小事大，以大事小，终获和平解决。"穴"为藏阴之所，阴势弱难以敌阳，"出自穴"硬碰硬，实属不智，"入于穴"才可能有较佳结果。

需卦	夬卦	需卦	小畜卦
图1		图2	

需卦、讼卦一体相综。讼卦九二《小象传》"自下讼上"，理势不敌，采取低调回旋的策略，转入地下长期抗争，以保其基层实力不受折损。其《小象传》又云："不克讼，归逋窜也。""窜"（竄）字为鼠在穴中，活力十足，四处流动，不仅自保无虞，还可神出鬼没，相机出击。九二

居下坎之中，以险敌刚，宜有此象。卦辞所谓"有孚，窒惕中吉"即指此爻。"窒"字为至于穴，在令人窒息的环境中，忍饥耐渴，以游击战骚扰强敌，不是没有获胜的机会。明末的农民起义、清末的捻军，让官军疲于奔命。越战美军铩羽、阿富汗苏军撤归，正是这个道理。

公元2001年，因"9·11"事件而发动的反恐战争，优势的美军是打赢了，但祸首本·拉登却逮不到，此亦穴居野处之效。小过卦六五居上卦震中，发动雷霆万钧的攻势；六二静处下卦艮中，隐伏不出，安然无恙，正为此象。六五爻辞云："密云不雨，自我西郊，公弋取彼在穴。"前半段同小畜卦卦辞，明示为强弱悬殊的不对称战争；而六二只要隐伏在穴，仍可苟延残喘，继续缠斗。俗云"狡兔三窟"，"窟"字为屈于穴，只要肯屈，窟窟相连的坑道系统，必让穴外的强敌头痛不已。

信息永存

大壮卦后，接着来的是大过卦，连续四阳往上提升一格，整个漂浮起来。大过阳全陷于阴中，有棺椁之象，真切中象理。大过为人人忌讳的死卦，凶象昭著，难以负荷。《大象传》称"泽灭木"，上六爻辞云："过涉灭顶。"面对肉身必然的陨灭，智者将如何调适自己的心态？大壮居室，有上栋下宇之象，身强体健，壮志凌云。大过棺椁入土，卦爻辞却称"栋桡"，不可以有辅，阳寿已尽，任谁也爱莫能助。由阳宅到阴宅，多惊悚的意象转换！生死如幻，往事霸图如梦，性灵当何所依？

不封不树，不封土为坟，不种树或立碑以表身份。丧期无数，更没有一定的守丧日数和繁复的礼法。后世有地位的人讲究厚葬，棺木好几重，既封既树，希望肉身防腐，永志不忘。固然养生送死无憾，实亦颠倒梦想，人生真正的不朽何在于是？

大过卦与颐卦相错，谈的是生死大事，其后为坎、离，由身心进入永存的灵的世界。坎是性灵的终极沉沦，孟子所称"所恶有甚于死者"。离是向上提升，精神文明的薪尽火传，孟子云"所欲有甚于生者"。大过欲获永生，得舍坎就离，杀身成仁，舍生取义，在所不惜。卦辞继"栋桡"之后，仍称："利有攸往，亨。"《大象传》则云："独立不惧，遁世无闷。"太上有"立德"，其次有"立功"，其次有"立言"，此之谓三不朽。

制器尚象的最后一卦夬卦，即寓此义。"书契"就是文字，书写契刻于绢帛竹简之上，将前人活动的经验知识传之永久，省却后人重新摸索的时间。百官以治，万民以察，一切都有依据和规范。许慎的《说文解字叙》引用此段，且称："盖文字者，经艺之本，王政之始……知天下之至赜而不可乱也。"

文字未发明之前，结绳而治，这个说法相当耐人寻味。结绳记事，以备遗忘，可能是符号思维的起源。《易经》的卦、爻二字，也许和此相关。"爻"字造型，就像大小两个绳结，象征事物的变动。"卦"字应与悬挂之"挂"通，心中有悬而未决的疑难，用绳挂于日常出入之处，朝夕凝视苦思，若得出解答，则将绳解下，另挂上新的问题。六十四卦、三百八十四爻的体系，就在不断的问题与求解历程中，逐步建立。制器尚象十三卦，以离卦结绳作网始，以夬卦结绳进化为文字终，人类文明的发展，始终不脱纵横交织的网罟之象。

大过卦之后为夬卦，亦见于重人文理想的《杂卦传》的编次。大过为第五十七卦，夬为最后一卦，中间六卦为姤、渐、颐、既济、归妹、未济，错综关系完全打乱，其中必有深意。"大过"为颠，自此之后一切反常。"夬"为决，刚决柔，君子道长，小人道忧，存天理、去人欲之后，又回复为天道流行的乾卦。

继往开来

本章叙述，涣、随、豫、小过、睽有关国防交通的五卦，未明言时代，似乎仍属于黄帝、尧、舜时期。最后大壮、大过及夬三卦，改称"后世圣人"，应该也离其时代不远，反正皆在"穷变通久"的大原则统摄下。当然，十三卦皆言"盖取诸"，并非所有重大发明皆由卦象悟知，而只是暗合于易，印证"近取诸身，远取诸物"而已。

通篇观之，黄帝、尧、舜所取的乾坤两卦，实居承先启后、继往开来的关键地位。乾坤一定，后面的分化发展便自然衍生。所谓"垂衣裳而天下治""易简而天下之理得""穷变通久"的大纲领，确为因时制宜、文明进展的不二法门。

最后三卦三称"后世圣人"，殷殷致意，用心深远无量。《春秋》以拨乱反正、渐致太平为宗旨，经文至"十有四年春，西狩获麟"为终。《公羊传》阐发微言大义，有云："其诸君子乐道尧舜之道与？末不亦乐乎？尧舜之知君子也。制春秋之义，以俟后圣，以君子之为，亦有乐乎此也。"仲尼祖述尧舜，盛称天下为公之道，在东周当时，不可能行此变革大事，遂制《春秋》义法，以待后世圣人来完成。本章所称"天下治"，即《春秋》太平世的理想，黄帝、尧、舜垂范于前，千秋万世奉行于后，百官以治，万民以察。

与此相关，《大象传》中"君子""先王""后"的区别，必有深意，值得玩索。六十四卦中，称"君子以"的有五十三则，称"先王以"的有七则，称"后以"的有二则，另外则是剥卦的"上以"和离卦的"大人以"。

"先王"概念的提出，首见于比卦《大象传》："先王以建万国，亲诸侯。""先王"借由师卦的战功，及比卦的合纵连横，统一天下，分封诸侯。师卦上六爻辞所谓："大君有命，开国承家。""大君"意同"先王"，为创建王朝的第一代，奠定和平秩序的中央君主。受封的各地诸侯即"后"，

《孟子》书中称"群后",往下代代相传,即为"后王"。《说文解字》释"后"为:"继体君。""先王""后王",有政统接续的意义,也有中央与地方分权的关系。战国时代,孟、荀学派有"法先王"和"法后王"之争,而《周易》《大象传》对此的处理,似乎更圆融而深邃。

"后"字首见于泰卦《大象传》:"后以裁成天地之道,辅相天地之宜,以左右民。"泰、否相错复相综,此地之泰可能造成彼处之否,二卦皆有城隍壁垒森严之象。"后"既为地区性的领导者,自应重视理财,做好基础建设,以使民生经济繁荣。至于全天下的均富大业,则得突破地域的限制,往同人、大有二卦所昭示之世界大同理想迈进。同人卦辞云:"利君子贞。"《彖传》称:"唯君子为能通天下之志。"同人、大有之《大象传》皆称"君子以",又寓有《春秋》太平世"人人皆有士君子之行"的最高理想。

富而后教,继同人、大有之后,为"谦以制礼,豫以作乐"。礼乐教化,正是"法先王"主张的核心。豫卦《大象传》有云:"先王以作乐崇德,殷荐之上帝,以配祖考。"

临、观二卦敷演政教关系。临卦六五称"大君之宜",义同先王。观卦《大象传》则云:"先王以省方观民设教。"

治国必重法纪,以纠奸罚恶。噬嗑卦《大象传》称:"先王以明罚敕法。"

剥卦民心失守,政权岌岌可危,其《大象传》云:"上以厚下安宅。"居民上者必须改弦更张,速谋补救。复卦重生再造,归真反本,其《大象传》中,"先王"与"后"并见:"先王以至日闭关,商旅不行,后不省方。"剥极而复,为人心惟危、道心惟微之象,无论先王后王,皆以修身为本。

复卦之后为无妄卦,"无妄"即诚。《中庸》称:"诚者,天之道也,诚之者,人之道也。"无妄卦正为民胞物与、天人合一之象,其《大象传》云:"天下雷行,物与无妄,先王以茂对时,育万物。"继续发展至上经最后一卦离卦，成就光辉灿烂的大人境界，先天而天弗违，后天而奉天时。其《大象传》改称："明两作，离，大人以继明照于四方。"由无妄至离，又合了《中庸》所谓"诚则明矣，明则诚矣""率性之谓道"的说法。

复卦的错卦为姤卦，五阳下一阴生，为私欲滋长之象。后王继先王之业，须防公道沉沦，故其《大象传》云："后以施命诰四方。"人生不期而遇的危机甚多，应当机立断，第一时间做好危机管理工作，还能化危机为转机。"后"作为地方经营的领导者，责无旁贷，也无暇上报中央。

涣卦风行水上，艰险无比，较风行地上的观卦尤具挑战性，其《大象传》云："先王以享于帝立庙。"卦辞则称："王假有庙，利涉大川。"先王长期经营、垂训立教的精神文化，已卓然树立，远播四方。九五爻辞所谓："涣汗其大号，涣王居，无咎。"《小象传》称："正位也。"已充分体现孟子"大丈夫"之义："居天下之广居，立天下之正位，行天下之大道。"六十四卦《大象传》中，攸关"先王"的论述，亦至此作结。

涣卦"利涉大川"为既济卦，先王的盛德大业固然登峰造极，可为万世法。世变无穷，既济卦之后又为未济卦，尚须后王斟酌损益，因时因地制宜之处必多。《庄子·齐物论》有云："春秋经世，先王之志。"经世致用，其实永远都得俟后圣。《易经》终于"未济"，《春秋》绝笔"获麟"。本章阐述文明发展之理，以后世圣人作结，其道可称一以贯之。

又，本章所述十三卦，涉及国计民生各个层面，深研制器尚象之理，可运用于政府组织之设计。除交通、国防外，农林渔牧、工商教育，也可从中获得启示。组织纵向的分工，还得注重横向的联系。屯卦"利建侯"，《大象传》即称："君子以经纶。"《春秋》明政治大义，立新王之法。而《周礼》一书，即有完整官制之设计，其间均衡联系之理，大有可观，值得有志者深入探究。

第三章　万法皆象

是故，《易》者，象也。象也者，像也。彖者，材也；爻也者，效天下之动者也。是故吉凶生而悔吝著也。

译文：

所以《易》就是象，象就是与原物非常相像。彖是卦体，呈现事物的样态，像一堆待用的素材；爻象征流变，仿效天下各种行动，所以吉凶成败随之而生，过刚生悔过柔生吝也显现出来。

本章为《系辞传》中最短的一章，寥寥数句，却揭露《易》之本质，简洁扼要，令人叹服。行文以"是故"起头，似乎是承接前文，有人以为就是"制器尚象"前章。因为强调观象、取象，所以本章综合论断，"易"就是象，而"象"就是与原物非常相像。

《系辞传上》末章称，"圣人立象以尽意"，以超越语文表达的限制。第四章言易与天地相似，相似、相像即不完全相同。正因为不完全相同，《易经》这套表述系统，才有极大的灵活性，丰富、深刻，且有余韵。

"彖"即卦体，摆在那儿，呈现事物的样态，就像一堆待用的素材，看人怎么评估、发掘及多方善巧地运用。卦中六爻，代表从基层到高层不同资源的分布，以及各个时段可能的运动状况。天时、地利、人和，种种条件的搭配，一旦伺机发动，可能造成全局极大的变化。

"象"相对呈静态，是个稳定的结构体；"爻"则穿梭流动，不断找寻有利于己的变动方向。"效天下之动"的"效"字，用得很活。效法、效应、效果、效用，人生不动则已，一动当然期望产生最好的功效。《系辞传上》第二章称："六爻之动，三极之道也。""三极"即天地人三才都发挥到极致，产生最大的综合效能。

人人求变求好，结果有得有失，产生了吉凶胜负，或悔或吝。《系辞传下》首章有云："吉凶悔吝者，生乎动者也。""吉凶"是终极结果，规模大而明确，故称"生"。"悔吝"尚有转圜余地，程度较轻而不显，故称"著"。

《杂卦传》称："蒙，杂而著。"启蒙就是要从一片杂乱无章中理出头绪，让真相大白。认知不能脱离实践，蒙卦《大象传》遂云："君子以果行育德。"孔子作《春秋》，亦称："我欲载之空言，不如见之于行事之深切著明也。"学《易》之功效，在于锻炼人的思维，知机应变，见微知著。

第四章　统之有宗

阳卦多阴，阴卦多阳，其故何也？阳卦奇，阴卦偶。其德行何也？阳一君而二民，君子之道也；阴二君而一民，小人之道也。

译文：

　　三画的八卦分阴分阳，除乾坤外，震、坎、艮为阳卦，皆为二阴爻一阳爻的结构；巽、离、兑为阴卦，皆为二阳爻一阴爻的结构，这是什么缘故？以阴阳爻符号的线段数，或以大衍占法七、九为阳，八、六为阴的算法，阳卦三爻总和皆为奇数，阴卦则为偶数，这又代表什么意义？乾阳为君，坤阴为民，阳卦一阳二阴，一君二民，以少统多，合乎政事常轨，为君子之道。阴卦二阳一阴，二君一民，以多统少，大违常理，为小人之道。

　　本章极短，主要在解释阳卦、阴卦的问题，而且是指三画卦的八卦，六画卦无所谓阴阳。八卦中的乾、坤两卦还不计，专谈六子卦的属性。

　　震、坎、艮为三阳卦，均为二阴爻、一阳爻；巽、离、兑为三阴卦，均为二阳爻、一阴爻。阴多阳少称阳卦，阳多阴少称阴卦，这是什么缘故？

　　以阴阳爻符号的线段数，或以大衍占法7、9为阳，8、6为阴的算法，阳卦三爻总和皆为奇数,阴卦则为偶数。这又象征什么意义?

乾阳为君,为主;坤阴为民,为从。阳卦一阳二阴,一君二民,以少统多,合乎政事常"轨",故为君子之道。阴卦二阳一阴,二君一民,以多统少,大违常理,称小人之道。

王弼将此简易原则延伸至六画卦,建立卦主或主爻的说法,其《周易略例·明象》中有云:"夫少者,多之所贵也;寡者,众之所宗也。一卦五阳而一阴,则一阴为之主矣;五阴而一阳,则一阳为之主矣。"《系辞传下》首章则称:"天下之动,贞夫一者也。"

第五章　远离颠倒梦想

《易》曰："憧憧往来，朋从尔思。"子曰："天下何思何虑？天下同归而殊途，一致而百虑。天下何思何虑？日往则月来，月往则日来，日月相推而明生焉；寒往则暑来，暑往则寒来，寒暑相推而岁成焉；往者屈也，来者信也，屈信相感而利生焉。尺蠖之屈，以求信也；龙蛇之蛰，以存身也；精义入神，以致用也；利用安身，以崇德也。过此以往，未之或知也；穷神知化，德之盛也。"

《易》曰："困于石，据于蒺藜，入于其宫，不见其妻，凶。"子曰："非所困而困焉，名必辱；非所据而据焉，身必危。既辱且危，死期将至，妻其可得见耶？"

《易》曰："公用射隼于高墉之上，获之无不利。"子曰："隼者，禽也；弓矢者，器也；射之者，人也。君子藏器于身，待时而动，何不利之有？动而不括，是以出而有获，语成器而动者也。"

子曰："小人不耻不仁，不畏不义，不见利不劝，不威不惩。小惩而大诫，此小人之福也。《易》曰：'屦校灭趾，无咎。'此之谓也。善不积，不足以成名；恶不积，不足以灭身。小人以小善为无益而弗为也，以小恶为无伤而弗去也，故恶积而不可掩，罪大而不可解。《易》曰：'何校灭耳，凶。'"

子曰："危者，安其位者也；亡者，保其存者也；乱者，有其治者也。是故君子安而不忘危，存而不忘亡，治而不忘乱，是以身安而国家可保也。《易》曰：'其亡其亡，系于苞桑。'"

子曰："德薄而位尊，知小而谋大，力小而任重，鲜不及矣！《易》曰：'鼎折足，覆公餗，其形渥，凶。'言不胜其任也。"

子曰："知几其神乎！君子上交不谄，下交不渎，其知几乎！几者动之微，吉之先见者也。君子见几而作，不俟终日。《易》曰：'介于石，不终日，贞吉。'介如石焉，宁用终日？断可识矣！君子知微知彰，知柔知刚，万夫之望。"

子曰："颜氏之子，其殆庶几乎！有不善未尝不知，知之，未尝复行也。《易》曰：'不远复，无祇悔，元吉。'"

"天地絪缊，万物化醇；男女构精，万物化生。《易》曰：'三人行，则损一人；一人行，则得其友。'言致一也。"

子曰："君子安其身而后动，易其心而后语，定其交而后求。君子修此三者，故全也。危以动，则民不与也；惧以语，则民不应也；无交而求，则民不与也。莫之与，则伤之者至矣！《易》曰：'莫益之，或击之，立心勿恒，凶。'"

译文：

《易经》咸卦九四爻辞称："固守不动收摄心神才吉，悔恨得以消亡。受外界感应影响，彼此心思都扰动不宁。"孔子称："天下事何必苦思忧虑？既然都从大道所生，探讨真理可有各种不同的思维与表述方式，最后仍得统合回归于自然的大道。天下事何必苦思忧虑？每天日落则月升，月落则日升，日月交相推移而光明恒在。寒季过去暑气前来，暑季过去寒气又生，寒暑交相推移年岁形成。既往的已成历史，逐渐丧失对现实的影响；未来的有待好好规划，以伸张我们的志向。一屈一伸之间，人群社会的大利便由此生出。山野间常见的尺蠖小虫，行进时必先蜷曲而后伸展；龙蛇这类大虫，当气候严寒或环境险恶时，也会深藏洞穴中以保存性命。我们研究学问到了高深莫测的境界，是为了经世致用，解决人生实际的问题。安身立命，不断在日常生活的实践中累积经验，以提高我们的德行。超出这些以外的其他难信难凭的学说理论，只能存而不论。然而穷究大道的奥妙，了解天地造化的缘由，就是真积力久豁然贯通的盛德。"

《易经》困卦六三爻辞称："前行巨石挡道，本身又据于蒺藜多刺的环境中，难过已极，回到自己家里，发现妻子都跑掉了，凶险无比。"孔子称："不应该受困而居然受困，声名必受羞辱；不应该作为据点的却选错据点，生命必遭危险。既蒙耻辱又遭危险，灭亡之日都快来临了，哪有可能见到妻子呢？"

《易经》解卦上六爻辞称："为了确保公众利益，在高高的城墙上弯弓搭箭射鹰隼，一举击毙，没有不利。"孔子称："鹰隼是禽鸟，弓箭是利器，射箭的是人。君子身上预藏利器，等待恰当时机行动，怎么会有不利呢？一旦采取行动毫无凝滞，所以出手就有斩获，这是告诉我们必有充分准备再采取行动。"

孔子称："小人不以不仁为耻，不害怕行事不义，没看到利益不劝勉行动，没遭威胁不知戒惕。受到微小的惩罚而获得重大的告诫，这是小人的幸运。《易经》噬嗑卦初九爻辞称：'脚上戴了刑具，不能自由行动，改过则没有咎害。'说的就是这个道理。善行不积累不足以成就美名，恶行不积累不足以灭亡其身，小人把小善看成没有利益而不肯做，把小恶看成无伤大雅而不愿去除，所以恶行积累而无法掩饰，罪大恶极后无法解救。噬嗑卦上九爻辞称：'脖子上戴着沉重的枷锁，遮蔽了双耳，非常凶险。'"

孔子称："今日陷于危险的，是曾经在其位子上很安全的；今日灭亡的，是自以为能长久保障生存的；今日陷于混乱的，是曾经治理得很好的。所以君子安居时别忘了危险，生存时别忘了可能灭亡，治理好时别忘了败乱,所以自身可常安而国家可长保。《易经》否卦九五爻辞称:'随时还可能败亡啊,随时还可能败亡啊!必得稳定基层,就像根深蒂固的苞桑一样坚韧不够。'"

孔子称:"德行薄弱而地位崇高,智慧浅小而谋划大事,力量渺小而身负重任,很少不招致灾祸的。《易经》鼎卦九四爻辞称:'鼎脚折断,整座鼎倾覆,肉汤流了一地,沾湿肮脏,弃置遭凶。'这是说完全不能胜任。"

孔子称:"预知事机的变化,智慧真是达到了神妙的境界。君子与居上位者交往绝不谄媚,与下位者交往绝不渎乱,可说是预知事机的变化了吧?机就是事物变动的微小征兆,吉凶的结果已经显现出来。君子见到事机的变化立刻采取行动,绝不等一天过完。《易经》豫卦六二爻辞称:'立场坚定,明识机微,不该动的时候绝不妄动,一旦时机成熟就迅速出手,必可获吉。'既然耿介如石头般坚定,哪里还需要等一天过完?当下就可做出正确裁断。君子知道隐微不显的机兆,也知道事后彰显明白的结果,知道何时该阳刚坚定,何时得顺势阴柔,这是千万人仰望的领袖人物啊!"

孔子称:"颜回这个年轻人,德行接近完美了吧?心中一有不善的念头,立刻警觉,一旦感知就不会再去做。《易经》复卦初九爻辞称:'人的良知自性不待远求,切近身心去体认即可开发致用,走偏了立刻调整,不至于犯错悔恨,充满了创造性而获吉。'"

"天地阴阳二气缠绵交合,万物化育醇厚,男女雌雄二性浓情交媾,万物孕育化生。《易经》损卦六三爻辞称:'三人同行,关系复杂,最好去掉一人;那人离开后会另外结交新的朋友。'这是说阴阳互动必须专注和合为一。"

孔子称:"君子安定自身后再采取行动,平和内心再说话,与人有一定交情后再有所要求。君子修这三种德行,才能在人群社会中安全立足。如果自身危险而采取行动,民众不会参与;内心疑惧而轻率说话,民众不会应和；没有交情还过分要求，民众也不会给予。一旦不给予不参与，还会有人来破坏伤害。所以《易经》益卦上九爻辞称：'无法再获益，反而招致意外的打击。这是因为居心不善自私自利，必遭凶险。'"

并行不悖

继前面极短的两章后，本章的篇幅之长为《系辞传》之冠。内容为孔子对十一个爻的心得发挥，和《系辞传上》第八章不同，没有任何前言，但编纂在一起，仍隐隐有脉络可寻。

列为章首的，是咸卦九四。"憧憧往来"，是心思不定，"朋从尔思"，由于感情困扰。九四爻变成蹇（如图），心乱所以难行。"憧"为童心，小孩识世未深，对未来充满不切实际的幻想，注意力也欠集中，经常会为不断出现的新事物所吸引，所以想归想，很难真正成事。

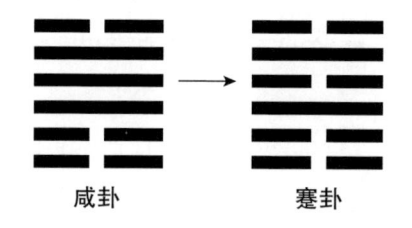

咸卦　　　蹇卦

咸为下经第一卦，《象传》中明确指出："圣人感人心而天下和平。"人之所以为万物之灵，就在于心灵作用高度发达，远远超越其他物种，应善用此心建立共识，促进世界和平。历来多少思想家殚精竭虑，著书立说，欲探究宇宙人生的奥秘，提出种种救世的方案。除了造成百家争鸣外，究竟有无实效？思想和行动之间存在怎样的辩证关系？哪一派的思想才是正确呢？若按咸卦九四《小象传》的评断："憧憧往来，未光大也。"则许多想法都落了空，甚至还滋生流弊，给人群社会带来伤害。"贞吉悔亡，未感害也。""天下之动，贞夫一"，贞观贞明之道，正知正见何在？

孔子在此提出了他的感想："同归而殊途，一致而百虑"。各家思想同归于大道，都是要探讨真理。而真理存在许多面相，可以有不同的表述方式。仁者见之谓之仁，智者见之谓之智，彼此虚怀论辩，相互参证，未必不能建立共识。一味执己为是，斥人为非，有碍大道的融通。融通必重往来，往来即能获益。泰卦天地交而万物通，其卦辞称："小往大来，吉，亨。""亨者，嘉之会也。""嘉会，足以合礼。"集思广益，能厘清片面认知的盲点，拓深义理的内涵。

《中庸》有一段子思对其祖父孔子的赞语："譬如天地之无不持载，无不覆帱；譬如四时之错行，如日月之代明。万物并育而不相害，道并行而不相悖，小德川流，大德敦化，此天地之所以为大也。"和本章往后的论述同调。"日月相推"而生明，如日月之代明；"寒暑相推"而成岁，如四时之错行。小德川流，殊途异趣；大德敦化，同归智海。

"往者屈也"，既往的已成历史，逐渐丧失对现实的主导力。"来者信也"，"信"同"伸"，未来的还有待掌握规划，以伸张我们的志向。检讨过去，策励将来，人群社会的大利便由此生出。数往者顺，知来者逆，神以知来，知以藏往，《易经》的大用即在乎是。

"尺蠖"是山野间常见的小虫，行进时必先蜷曲而后伸展。龙蛇这类大虫，当气候严寒、环境险恶时，也会深藏穴中，以保存性命。我们研究学问到了高深莫测的境界，是为了经世致用，解决人生的实际问题。安身立命，不断在日常生活的实践中累积经验，以提高我们的德行。这些以外的虚无缥缈、难以印证的学说理论，只宜存而不论。穷究大道的奥妙，了解天地造化的缘由，那就是真积力久、豁然贯通的盛德。日新之谓盛德，苟日新，日日新，又日新，一切真知必从力行中得来。

神为道体不测之用，入神由精义而生，思之思之，鬼神通之。穷神则已至最高境界，彻上彻下，全体大用皆明。

孔子这一大段议论，由质疑"何思何虑"起，至"德之盛"终，教人法自然、正思维、重实践，发挥得淋漓尽致。远离颠倒梦想，方证究竟涅槃。咸卦九四下应初六"咸其拇",正是心想牵动实行之象。两爻齐变,恰成既济卦(如图),知行合一,利涉大川。爻辞所称"贞吉悔亡",贞者事之干,贞固足以干事,可救憧憧妄想之失。

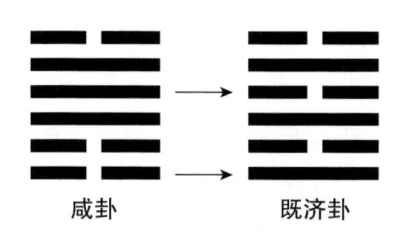

咸卦　　既济卦

赦过宥罪

咸卦九四爻变成蹇卦,空想窒碍难行。困卦六三进退失据,内外交煎,更是人生惨酷之境。前行大石挡道,后退蒺藜多刺,返家不见其妻,不凶何待?然而孔子毫不同情,反而直斥其非:为了不光彩的事受困,声名必蒙耻辱,自己选错了据点,危险怪得谁来?爻变成大过卦,岂非死期将至?众叛亲离是必然的下场,太太跑了,有什么好奇怪呢?

困卦六三本身不中不正,阴柔乘于九二阳刚之上,居内卦坎险之极,嗜欲深重,贪嗔妄行,终至自误误人,堪为借鉴。

人生包袱太重,难得解脱,造成艰困难行的蹇境,按易理须以解卦化解之。《系辞传上》第八章最末,曾以解卦六三为例,说明不中不正,负且乘而致寇至的后果。本章则以解卦上六,象征彻底解脱的智慧。

解卦"利西南",往得众,强调顺势用柔,运用群力。上六爻辞"公用"二字,正合卦旨。"公"即公众,使对手成为众矢之的,国人皆曰可杀而后杀之。"用"字字形,似网罟之象。《老子》称"无之以为用",又云"弱者道之用",所谓"天网恢恢,疏而不失",最后收网,一举成擒。"高墉"也者,正是长期造势所累积的民意基础,站在制高点上弯弓射箭,自然万无一失。藏器于身,待时而动,说出人生行事的公式:"工欲善其事，必先利其器。"

以解卦六爻而言，上六的弓矢是何时准备的呢？解卦九二爻辞云："田获三狐，得黄矢，贞吉。"显然，二爻时已将除患的工具准备好了。由于本身尚在险中，不宜妄动，一直等到六爻，动而免乎险，时机成熟了才出手。九二爻变成豫卦，凡事豫（预）则立，不豫则废。"动而不括"的"括"字，即坤卦六四"括囊"之括，为固结不解之意。解卦上六彻底解决，完全摆脱恶业的纠缠，故称"不括"。

人生造业，自有因果，常积渐而至。若不及早醒悟，待罪孽深重之时，祸发而不可救，悔之晚矣！孔子往下又以噬嗑初九和上九两爻为例，阐明其理。文辞极浅近，人人可喻，但多少人间憾事仍循此铸成。人性真是充满了弱点，实在不可思议。

积善成名，积恶灭身，与坤卦初六《文言传》所述相同："积善之家，必有余庆；积不善之家，必有余殃。臣弑其君，子弑其父，非一朝一夕之故，其所由来者渐矣！由辩之不早辩也。"从初犯的"屦校灭趾"，到累犯的"何校灭耳"，"校"的刑具意象，发人深省。罪大而不可解，解卦《大象传》虽称"赦过宥罪"，但罪孽过深，枷锁业障永随身。

"噬嗑"本即生存斗争之象，利之所在，残酷无情，杀机一动，势不两立。卦辞称"利用狱"，真的是活生生的人间地狱，无量众生沉沦其中，受身心大苦，何日方得解脱？

万夫之望

否卦正如坤卦《文言传》所云"天地闭，贤人隐"，小人道长，君子道消。其卦辞直言"否之匪人"，否卦所述是个非人世界？《尚书》称谓，人与民有分，民即老百姓，人指任官者。否卦《彖传》称："上下不交，而天下无邦也。"《大象传》又以荣禄为戒，可见卦辞意在指斥为政者无德无能，才造成泰极否来的惨境。欲推翻否局，必须"同人于野"，朝野同心协力，才能渡过险难。

否卦九五为君位，当"休否"之责，一身系天下之安危，爻辞云："其亡其亡，系于苞桑。""苞桑"实指在野的基层民众，根深入土，充满韧性，为国命之所系，九五当全力巩固之。以爻位言，"苞桑"即初六，故又有茅茹丛生之象。《小象传》且云："志在君也。"君民若能紧密合作，"休否"有望。

孔子针对否卦九五所发的议论，主要是居安思危。泰极否来的大起大落，充分验证此理。身安而国家可保，比起噬嗑的积恶灭身如何？九五爻变成晋卦，又恢复大有竞争力的局面。为否为晋，全在统治者一念之间，故爻辞称："休否，大人吉。"

鼎卦象征革命后新建立的共和政权，九四恰当执政之位，阳居阴位不称职，与六五君位的关系，阳承阴亦不好，勉力撑持，结果可知。"鼎折足"下应初六的"鼎颠趾"，有失去人民支持、国家倾覆之象。"公餗"即公共的资财，全民勠力建设的成果。"渥"字为深濡沾湿之意，九四高官待遇优渥，却不胜任至此，可谓愧对全民。"濡"字在《易经》中，多用以描述失败，或指情欲和功名利禄冲昏了头。如既济卦初九"濡其尾"、上六"濡其首"；未济卦卦辞"濡其尾"、初六"濡其尾"、上九"濡其首"；贲卦九三"贲如濡如"；夬卦九三"遇雨若濡"，等等。鼎卦九四"其形渥"，真是生动的形容。九四爻变成蛊卦，革命者一旦入朝主政，又成为新的利益阶层，腐败得比谁都快。

孔子的评论，见出其心目中对当政者的要求：以德为首，以知为次，以力为末。三者俱弱，很少不及于祸。

一个伟大领袖究竟应具备些什么条件？其行动风范何如？孔子在三百八十四爻中，精选出豫卦六二来做说明："介于石。""于"同如，其介如石，表示立场客观中立，绝不偏倚任何一方，且坚定不移，谁也无法影响动摇。一个人平时这么冷静，不随着野心家的乐声起舞，一旦时

系辞传下 | 161

机成熟，必可当机立断，即刻展开有效的行动。

"上交不谄，下交不渎"，表示仍有上下之交，只是绝不逢迎拍马，也不会为了讨好基层而乱了应有的分际。豫卦九四一阳当道，人气十足，充满群众魅力，驱使其他阴爻如痴如狂地追随。他本身固然志得意满，其他人却无一有好结果。初六"鸣豫凶"，高鸣战斗的号角，成了炮灰致凶。六三"盱豫悔，迟有悔"，一味仰承上意，谄媚未得欢心。六五君权全被架空，韬晦保命而已。上六"冥豫"不悟，乐极生悲。全卦唯有六二既中且正，保持清醒，故能知几远害。

"几者动之微，吉之先见者也。"算是孔子对"几"的规范定义，为何只称吉不提凶呢？按理说吉有吉兆，凶有凶机。坤卦初六"履霜坚冰至"、姤卦初六"羸豕孚蹢躅"，就是典型的凶兆。《易经》对人的训练是知机应变，见机而作。一见凶兆，立刻采取行动遏止或化解，如此则不凶矣，故一律以吉称之。

既有先见之明，由事几之微，可推知事相之彰。行事的过程中，也懂得因时制宜，该用柔时用柔，该用刚时用刚，不逞血气之勇，不优柔寡断。这种人物才是能孚众望、可成大事的领袖。

豫卦六二爻变，成解卦。显然真正解决问题的是六二，不是慷慨激昂的九四。解卦有和解之意，豫变成解，化干戈为玉帛，解生民于倒悬之苦。《系辞传上》第十一章所称："聪明睿智，神武而不杀。"豫卦六二当之无愧！

正法修行

《易》重生生之道，"复"见天地之心，初九一阳在下，为内动之主，正是生生不息之几。孔子以高徒颜回为此爻之代表，克己复礼，其心三月不违仁，不迁怒，不贰过，完全合乎初九之义。有不善未尝不知，正是知微知几；知之未尝复行，不终日，贞吉。颜回古称"复圣"，其来有自。

损卦《大象传》称"惩忿窒欲"，六三和上九两爻间的互动，却显现生化之理。"絪缊"为阴阳之气弥漫聚合，醇似酿酒纯朴厚实。"天地絪缊，万物化醇"，形容自然衍生万物之美，说的是大宇宙的资始资生。"男女构精，万物化生"，则是人体小宇宙的浓蜜情怀。

"三人行"，指内卦原为乾，"损一人"，九三变六三为兑。"一人行"，指外卦原为坤，上六变上九为艮。坤卦《彖传》称"西南得朋"，故称"得其友"。损卦由内乾外坤的泰卦变来，天地交泰是两性交往的大原则，经此人为调整后，更有节制而专一，故称"致一"。原泰卦上六"城复于隍"、九三"无平不陂"，皆有滥交失控之象；现损卦六三"得其友"、上九"得臣"，转为畅旺荣景。本章开头咸卦九四讲"一致而百虑"，此处损卦六三又称"致一以生，天下之动贞夫一"！

损卦初九爻辞言"酌损之"，两性互动之初，斟酌损益，适度节制确有必要。依此行至六三，自然如醇酒般醉人，情深意浓。中孚卦九二云："我有好爵，吾与尔靡之。"九二爻变成益卦，彼此共饮美酒，至诚相待，皆于身心大有裨益。需卦九五云："需于酒食，贞吉。"九五爻变成泰卦，天地交泰是最自然的生理需要。未济上九云："有孚于饮酒，无咎。"上九爻变成解卦，身心彻底放松。《系辞传上》第九章有云："显道神德行，是故可与酬酢，可与佑神矣！"以美酒况情谊，意境极贴切。

损卦以二、三、四爻为下卦，三、四、五爻为上卦，所得之卦中卦为复卦。"惩忿窒欲"与"克己复礼"相通，复卦初九一阳复始，所显现的生机，正为损卦六三所致之"一"。

损极转益，益极却也变损，益卦上九正显此理。上九为"亢龙"之位，失时失势，已不能再予人利益，若仍高傲待下，必遭反噬。"或击之"的"或"，是不定之词，表示打击可能来自各方。人情冷暖，世事无常，达人君子应深知警惧。

"危以动""惧以语"，色厉内荏，会给人看破，完全不予响应。无交而求，一厢情愿，当然没人理睬。一旦陷于孤立，则过去在位时所结下的仇怨，便易接踵而至，人生惨酷有如此者。故而孔子规劝："安其身而后动，易其心而后语，定其交而后求。"语似平淡，却是至理，人人依此修行，可得万全。《小象传》释"莫益之"，为"偏辞也"。"偏"即不全，片面求益；"偏"即不正，偏颇失宜。《系辞传下》首章有云："理财正辞，禁民为非，曰义。"益卦上九理财未能正辞，故而致凶。

第六章　深切著明

子曰："乾坤，其《易》之门邪？"乾，阳物也；坤，阴物也。阴阳合德，而刚柔有体。以体天地之撰，以通神明之德。其称名也，杂而不越。于稽其类，其衰世之意邪？夫《易》，彰往而察来，而微显阐幽。开而当名辨物，正言断辞则备矣！其称名也小，其取类也大。其旨远，其辞文，其言曲而中，其事肆而隐。因贰以济民行，以明失得之报。

译文：

孔子称："乾坤二卦应该是《易》的门户吧？"乾是阳的物象，坤是阴的物象，阴阳互动和合才有了刚柔的形体，可以体现天地造化的奥妙，用来通晓自然界生生不息的作用。《易》中卦爻辞所称述的物名虽然繁杂，却不逾越阴阳互动的基本规范，我们反复考求核验其分类，或许是流露圣人作《易》的衰世情怀吧。《易》彰显过去的事例，能帮助我们探察未来，洞察人性人事的幽微并予以精确描述，深刻阐明其道理。开始行动时必有正当名义，将所有事物分辨清楚，然后提出正面的看法和解决问题的方略，当机立断付诸实践，一切都很完整周备。所称述的物名虽然细小，取类比喻却很博大，旨意很深远，修辞富有文采，所讲述的委曲婉转却切中事理，谈的事好像很公开，真正的深意仍隐微难明。任何事情皆从两面思考，以帮助民众行事，明白吉凶得失的报应。

大道之门

本章似有脱文，语句精练，由阴阳两仪的精妙互动阐扬《易经》之理，相当精彩。《易经》和《春秋》为经学双璧，本章称述易象易辞，表达精确，实与春秋笔法相当，值得注意。

乾坤为父母卦，一切变化由此而生，故称为"《易》之门"。《系辞传上》末章称乾坤为"易之缊"，十一章且说："阖户谓之坤，辟户谓之乾，一阖一辟谓之变，往来不穷谓之通。"可见并不是有两扇门，而是一扇门的两个动作，一开一阖，产生了无穷的变化。《系辞传上》第六章又称："夫坤，其静也翕，其动也辟。"换言之，坤动之极，尚可变乾。纵横家之祖鬼谷子机变百出，其书首篇即名《捭阖》。"捭"为拨动使开，"阖"为闭户深藏。

不称乾坤为阴阳，而称阳物、阴物，更显得广泛而具体。乾坤交合生万物，刚柔交错有了各自的形体，由万物形体各异，充分体现天地造化的奥妙，以及生生不已的德性。"通神明之德"，已见于《系辞传下》次章。"神"指自然造化，"明"重人文开创，实即通天人之际以建设文明之意。"撰"字有选择、创作、具备等义。"以体天地之撰"，颇有孟子"万物皆备于我矣！反身而诚，乐莫大焉；强恕而行，求仁莫近焉"之精神气概。刚柔有体，自然体现"天地之撰"，深心体悟，又可"通神明之德"。

阴阳的抽象层次及存在层级，较刚柔为高，阴阳合德才刚柔有体。《说卦传》称："立天之道，曰阴与阳；立地之道，曰柔与刚。"又云："观变于阴阳而立卦，发挥于刚柔而生爻。""分阴分阳，迭用柔刚。"《系辞传上》第五章则称:"一阴一阳之谓道……阴阳不测之谓神。"

《彖传》多言刚柔,罕言阴阳,唯一例外是泰、否两卦:"内阳而外阴,内健而外顺。"泰卦天地交,称阴阳不言刚柔。"内阴而外阳,内柔而外刚。"否卦天地不交,先称阴阳再言刚柔。屯卦称刚柔始交,坤卦云柔顺利贞,乾卦未提阴阳刚柔。

《大象传》完全不提阴阳刚柔,直接由自然现象言及人事运用。《小象传》注重爻际的刚柔互动,如"刚柔际""刚柔接""刚柔节""乘刚""遇刚""敌刚""柔在下"等,乾坤初爻则直称阴阳"阳在下""阴始凝"。这些遣词用字,应有考虑。

《序卦传》不涉阴阳刚柔;《杂卦传》以乾刚坤柔始,以姤的柔遇刚、夬的刚决柔为终。《文言传》则刚柔阴阳互见。由以上讨论,"十翼"的作者对于阴阳、刚柔的分际,确有理解和掌握。

称名察类

往下一大段讨论《易经》中取象称名的问题,但语意脉络不甚连贯,例如劈头一句"其称名也",究竟何所指,颇费猜疑。按理说它与后文的"其称名也小"应指一事,而后文前有"夫《易》"的发语词,隶属明确,不似此处凭空而来。前文以乾坤起论,渐转至刚柔有体的生生变化,接述其称名也,不是不可通,毕竟转折大了些。

"杂而不越",庞杂、复杂而不逾越,不逾越什么呢?肯定是不逾越某些基本规范,现象再怎么混沌难明,细心探索,仍有秩序存焉。所谓变易中有不易,万变不离其宗。"杂"字在《易传》中颇为重要,《系辞传下》后几章还会碰到,其基本含义应指刚柔交错,如此则与前文阴阳合德挂搭上。所谓"不越",就是《易经》中的称名再怎么变化多端,仍不能脱离乾刚坤柔、相反相成的规范。

"于稽其类","于"为发语词,"稽"是反复考求核验,"类"又是阴阳合之义,已于《系辞传下》次章中详细论证。该章述伏羲画卦,"以通神明之德,以类万物之情",恰与本章"以通神明之德……于稽其类"相合。我们由《易经》中的称名分类、模拟、类推、触类旁通,可遥想数千年前作者的心情怀抱,以及欲传达的意念。这不就是《系辞传上》末章的主旨吗?虽然书不尽言,言不尽意,圣人却可立象以尽意,而观象必重知类,知类才能通达。

问题是圣人作《易》,为何是"衰世"之意呢?由前后文的气势堂堂、信心满满看来,实在没有什么衰世怨怼的气息。"以体天地之撰,以通神明之德",说是创世之意还差不多。通观《系辞传》全部二十四章,称述易辞易象精妙者,几乎全不涉及所谓衰世的情怀,而揣摩此处上下文脉,转出此语,也显突兀。孔子由《易》的称名,既赞其杂而不越,如何能得此结论?虽然语气有不肯定的猜测味道,还是于理难通。

倘若"其衰世之意邪"不是衍文,那么就有可能和下章论忧患九卦有关:"《易》之兴也,其于中古乎?作《易》者,其有忧患乎?"《系辞传下》第十一章亦称:"《易》之兴也,其当殷之末世、周之盛德邪?当文王与纣之事邪?是故其辞危。"明显以疑问语气,强烈暗示易辞与周文王的关系。其实"《易》之兴"和"《易》之作"不同,商周之际文王的忧患,不宜过分夸大。传统所谓文王重卦之说,绝对站不住脚,认为卦辞出其一手,也让人难以置信。这里可能又有学派之争的问题,大《易》之作为万世立法,衰世盛世,皆宜信受奉行。

鉴往知来

"彰往而察来",彻底认清过去,就能帮助我们观察未来。《论语·为政》篇云:"温故而知新,可以为师矣!"新由故出,依律推衍,温故就能知新,所以孔子斟酌三代损益,敢言"百世可知"。《易经》特重往来,卦爻辞言及往来者不计其数。泰卦"小往大来",否卦"大往小来",积久成泰,泰极否来的时势变化规律,令人惊惕。剥卦"不利有攸往",复卦"七日来复,利有攸往",剥极而复的顺势操作,有大智能。蹇卦初、三、四、上爻并称"往蹇",而云"来誉""来反""来连""来硕",二爻不言往来,五爻"大蹇朋来"。《象传》总其成,称道"往有功"。"蹇之时用"的全面整合,功力非凡。解卦卦辞称:"无所往,其来复吉;有攸往,夙吉。"层次节奏,井然有序,一切疑难杂症迎刃而解。咸卦九四爻变成蹇卦,亦云"憧憧往来,朋从尔思。"孔子由此深悟往来之义,而有"一致而百虑,殊途而同归"的精湛思维。

归根究底,《易经》的主张见《说卦传》:"数往者顺,知来者逆,是故易逆数也。"《系辞传上》第五章亦云:"极数知来之谓占。"过去已经发生的事,我们只能顺受;未来若能预测,当然要积极迎接、充分准备。时势发展的往来顺逆间必有因果规律可循,一旦了悟变易后的不易,事事都将变得简易。彰往能察来,有了纵深的历史认识,当前的问题便可看得真切,而未来的趋势也渐能掌握。大畜卦厚储资源,为未来做万全的准备,其《大象传》称:"多识前言往行,以畜其德。"此即彰往。而《象传》云:"日新其德。"《杂卦传》又云:"大畜,时也。"此即"察来"。

"而微显阐幽",文气稍怪,但意义很清楚。易辞易象洞察人事人性的幽微,予以精确描写、深刻阐扬。《系辞传上》第四章称:"知幽明之故。"第八章云:"言天下之至赜而不可恶也。"第十章称:"无有远近幽深,遂知来物。"十一章云:"探赜索隐,钩深致远。"十二章称:"极天下之赜者存乎卦。"皆同此意。幽微之处视之不见,听之不闻,往往为人情所忽视,却可能决定人生大事的成败。所谓见微知著、知机应变、杜渐防微,本即学《易》应有之义。

《史记·司马相如列传》有云:"《春秋》推见至隐,《易》本隐之以显。"《春秋》言人事得失,以通天道;《易经》本天道,以及于人事。天人之际、古今之变,隐显之间,皆有至理存焉。

"开而当名辨物","开"字意蕴深厚,劲道十足,开天辟地、开物成务、大开大阖,有将一切理论付诸实践的勇决气魄。《史记·孔子世家》有云:"贬损之义,后有王者举而开之,春秋之义行,则天下乱臣贼子惧焉。""举而开之","开"即此处"开"字之意。孔子有正名思想,"名不正则言不顺,言不顺则事不成",人生行大事必须谨于立名,名称正当合宜,理念才有号召力,才能将万事万物分辨清楚。同人卦通天下之志,其《大象传》云:"君子以类族辨物。"辨物是宣扬实行大同思想的必修功夫,族群问题没彻底弄清楚,世界和平只是妄想。未济卦从失败中领受教训,其《大象传》即称:"君子以慎辨物居方。"

名称既当,物事已明,往下便须提出正面的看法和解决问题的方略。当机立断,形成决策,付诸实践,如此才是《易》之大用。彰往察来、显微阐幽、当名辨物、正言断辞,何其完备!

"彰往而察来"的四句论断,若移之于《春秋》,亦充分相合。《春秋繁露·精华第五》称:"古之人有言曰:'不知来,视诸往。'今《春秋》之为学也,道往而明来者也。然而其辞体天之微,故难知也。"《春秋》以二百四十二年的鲁史设况,借事明义,其宗旨仍在于启发后世有志者,以具体行动改造社会,一切文辞为此而发,并非止于理论层次。《史记·太史公自序》说得很清楚:"我欲载之空言,不如见之于行事之深切著明也。"

《易传》论辞,亦不能脱离行动。乾卦《文言传》九三爻有云:"修辞立其诚,所以居业也。知至至之,可与几也;知终终之,可与存义也。"此处的修辞,显然和立身行事有关,绝非寻章摘句、卖弄辞藻。《系辞传下》首章亦称:"系辞焉而命之,动在其中矣……功业见乎变,圣人之情见乎辞……理财正辞,禁民为非,曰义。"《系辞传上》末章则云:"鼓天下之动者存乎辞。"《系辞传上》第三章明确指出:"辞有险易,辞也者,各指其所之。"圣人据易象,作易辞,精确描写人生百般情境,有艰险,有平顺,皆指引人积极行动,趋吉避凶。

相反相成

末段再谈称名，解析易辞殊胜的表达方式，以及善巧运用于行事之法。行文对仗工整，一气呵成，也是难得的好文章。

"其称名也小，其取类也大"，再次宣扬易象触类旁通的优越性。既然所有称名都有阴阳合德的本性，物物一太极，具体而微，因小即能知大。屯卦的初生小草破土而出，充分体现生之艰难和气机饱满，引申为创业维艰，自然予人许多启发。蒙卦杂草丛生，遮蔽视野，陷身其中，不知何去何从，借此发挥教养之义，也是顺理成章。

其实，因小知大、鉴往知来，也完全合乎现代"时空全息论"的规律。宇宙万象息息相关，只要掌握了类的法则，引而申之，触类而长之，天下之能事毕矣！

"其旨远，其辞文，其言曲而中，其事肆而隐"，正所谓微言大义。《易经》立象、《春秋》设况甚至《诗经》的比兴、《周官》的拟制，都借着特殊的表达方式，传达深远宏大的意旨。《孟子·离娄》篇有云："王者之迹熄而《诗》亡，《诗》亡然后《春秋》作……其事，则齐桓晋文；其文，则史。孔子曰：'其义，则丘窃取之矣！'"《春秋》继《诗》而作，其目的在于行天下为公的王者之道。限于当时的政治环境，难以坦率直言，遂仿《易经》立象以尽意的方式，借史事以明义，其言其辞均斟酌损益，做了高度象征迂回的处理，这就是有名的"春秋笔法"。易象易辞千变万化，《春秋》义例也从变而移，自成一套象征体系，没有专业的师说师承，很难深入挖掘真相。

《春秋繁露·楚庄王第一》称："《春秋》之辞多所况，是文约而法明也。"用词简练，义法严明。《竹林第三》云："《春秋》无通辞，从变而移。""辞不能及，皆在于指，非精心达思者，其孰能知之？"《玉英第四》强调："说《春秋》者，入则诡辞，随其委屈而后得之。"

以上重要经典所示范的表达方式，并非仅有理论诠释的意义，也是人生行大事宜有的考虑。名称上不必太计较，愈小愈不致引起注意，但妙处在于激发联想、触类旁通。内涵的宗旨很远大，表面的辞令却包装文饰得不露痕迹。立说委曲婉转，却招招击中要害，所有行事都公开展示给大家看，而真正的企图和动机，仍然隐藏得很好，不会曝光。"言曲而中""事肆而隐"，尤其是高段功夫。言曲若事亦曲，易启人疑窦，事不但不曲，反而大肆铺张，供人检阅。这种布局隐显深浅的拿捏，若恰到好处，必成大事。

"因贰以济民行"，"济民行"没问题，始终是《易传》强调的重点，任何用心和努力皆归终于此。但"贰"是什么？为何根据贰、运用贰，就能有助于民众行事呢？朱熹说"贰"是疑，即民众遇事犹疑，吉凶难定之意，恐怕不通。"贰"字仅见于《易经》一次，坎卦六四爻辞云："樽酒，簋贰，用缶。""贰"为副，配套之意，主官的副手称为"储贰"。乾刚坤柔，乾壹坤贰，仍为阴阳合德之义。本章由乾坤为易之门起论，一气贯下，始终未偏离主要论旨。往来、微显、小大、肆隐都是贰，教人凡事须触类旁通，练习从阴阳两面去思考，行事才灵活有变化。阴阳合则得，阴阳不合则失，这便是以明失得之报。

《老子》四十二章的名言："道生一，一生二，二生三，三生万物，万物负阴而抱阳，冲气以为和。"二为阴阳，阴阳和合为三，三即能生万物。阴阳合为类，万物睽而其事类，睽之时用大矣哉！懂得相反相成之道，一切逆境都可能反面运用，而发挥重大效益。"彰往而察来"，往事有可法，有足戒，事实上足戒者可能更多。"大道之行"可法，"三代之英"足戒；"王用亨于西山"可法，"丧羊于易""丧牛于易"足戒；"康侯用锡马蕃庶"可法，"高宗伐鬼方"足戒。《春秋》十二公，其实无一可法，论其行迹，全部足戒。愈是反面惨烈的形象，愈凸显人心惟危、道心惟微的至理，愈警惕人奋发上进。孔子说得好："三人行，必有我师焉。择其善者而从之，其不善者而改之。"

第七章　拨乱反正

《易》之兴也，其于中古乎？作《易》者，其有忧患乎？

是故履，德之基也；谦，德之柄也；复，德之本也；恒，德之固也；损，德之修也；益，德之裕也；困，德之辨也；井，德之地也；巽，德之制也。

履，和而至；谦，尊而光；复，小而辨于物；恒，杂而不厌；损，先难而后易；益，长裕而不设；困，穷而通；井，居其所而迁；巽，称而隐。

履以和行，谦以制礼，复以自知，恒以一德，损以远害，益以兴利，困以寡怨，井以辩义，巽以行权。

译文：

《易》道大为兴盛，大概是在殷商末年的中古时代吧？创作《易》的圣人当时充满了忧患意识吧？

所以履卦重实践，是一切德行的基础；谦卦是修德的入手处；复卦是修德的根本；恒卦指示德行需长久固守不变；损卦节制欲望清心修德；益卦心量宽裕行善；困卦考验人是否坚持操守；井卦开发新资源是修德的宝地；巽卦因地随时制宜。

履卦教人和平达到目的；谦卦最后获得尊荣光显；复卦用心微细，能明辨事物之理；恒卦虽处繁杂而不厌倦；损卦压抑情感开始艰难，习惯后就从容和易；益卦长久宽裕而不费心做作；困卦遭遇穷境而能亨通；井卦开发新资源成功，足以改变世界；巽卦考虑周到，行事稳当隐秘，不易被发现。

履卦行事以和为贵；谦卦的精神用来制定礼法；复卦让人深入内省以发扬自性；恒卦久历忧患不改常度；损卦节制欲望以远离祸害；益卦广兴福利济度众生；困卦教人遭遇逆境而少怨尤；井卦教人行义，开拓新路，自助助人；巽卦因势利导，主控全局。

生于忧患

本章为著名的"三陈九卦"，依卦序选出由履至巽的九个卦，以德行释之。由于开头谈到作《易》的忧患意识，故又称"忧患九卦"，似乎教人在乱世中依序修行之法。何以只选这九卦，其间有何关联？分三次陈述又是什么意思？是谁提出来的？跟孔子有没有关系？这些问题深究下去，极有意趣。

前章讨论衰世之意时，曾质疑："《易》之兴"和"《易》之作"不同时，不可混为一谈。"中古"意指何时，亦难确断，是不是《系辞传下》十一章所强烈暗示的殷周之际，也有问题。周文王显然不是作《易》者，《周易》前有《连山》《归藏》之说，应非虚构。文王的羑里忧患，而后周代商而有天下，使《易》一跃而为定国安邦的显学，称为"《易》之兴"不为过，但并不表示作《易》者也有忧患。其衰世之意邪？其有忧患乎？其当殷之末世、周之盛德邪？所有这些相关命题，皆以揣测语气提出，以此带出后文，甚至加上"是故"二字，强调因果关联，实在耐人寻味。是衍文？是正文？是本即如此，还是反映了学派的主张？

根据《公羊春秋》的说法，孔子思想和三代之盛的周文王，实有重大差距，大同社会和小康世的主张，无法折中妥协，于是尊孔或尊文王，就成了数千年来儒家的学派之争。《系辞传》成书，最晚可至秦汉，非出一人之手，反映重大争议实无足怪。借着诠释经典而阐扬自身理念，从古就是如此。孔子作《春秋》，不也表白"其义则丘窃取之"吗？

周文王的羑里忧患，确能予人相当大的启发，今本《易经》的坎、明夷二卦，尚可窥其意蕴，但不宜过分夸大。宇宙奥秘无穷，人生智慧亦可不断生新。孔子说："文王既没，文不在兹乎？"《公羊春秋》论文王，主张"法其生，不法其死"。这才是与时俱进的大气魄、真精神。

作《易》者不起于文王，那起于何时、何人呢？伏羲只是画卦，并没说他作《易》。《易传》称作《易》者为圣人，谁是圣人？八八六十四卦这套学问系统，又是自何时起称《易》呢？从已流传至今的先秦经典来看，《老子》够古了，五千言未及《易》。《论语》称《易》仅寥寥数则；《孟子》完全没提。《荀子》则有几处见之，但《诗》《书》《礼》《乐》《春秋》并论时，却不提《易》。

无论如何，由画卦、《易》之作、《易》之兴，到孔子集大成，以及《系辞传》之作，肯定是源远流长的发展过程。作传的人习《易》，起忧患之感，也算正常。孟子称"生于忧患"，《系辞传》云"生生之谓易"。艰难困苦，玉汝于成，生逢乱世，往往恰是深入学习的殊胜机缘。大《易》与《春秋》相表里，而拨乱反正、据乱以致太平，即《春秋》主旨。

进德修业

忧患九卦依卦序选出，其间似有规律性：履、谦二卦相错，恒、益二卦相错，损、益相综，困、井相综。上经三卦，下经六卦。履之后五卦为谦，再后九卦为复，恒之后九卦为损，益之后五卦为困，井之后九卦为巽，这是随机巧合还是别有心裁？以组合的三画卦论，独欠"离中虚"，忧患难见光明，人群网络须重新修补。"巽下断"最多，深入潜修，低调权变,才能化解患难?

九卦全以德称之,符合《易传》尚德的整体思维。乾坤为《易》之门,阴阳合德而刚柔有体,两卦言德者特多:德施普、天德不可为首、君子行此四德、龙德而隐、龙德而正中、德博而化、君德、进德修业、位乎天德、君子以成德为行、与天地合其德、德合无疆、厚德载物、至静而德方、敬义立而德不孤。其他各卦言德,多见于《大象传》:蒙卦"果行育德"、小畜卦"懿文德"、否卦"俭德避难"、豫卦"作乐崇德"、蛊卦"振民育德"、大畜卦"以畜其德"、坎卦"常德行"、晋卦"自昭明德"、蹇卦"反身修德"、夬卦"居德则忌"、升卦"以顺德,积小以高大"、渐卦"居贤德善俗"、节卦"制数度,议德行"。至于经文本身言及德者,有五处:讼卦六三"食旧德"、小畜卦上九"尚德载"、恒卦九三"不恒其德"及六五"恒其德"、益卦九五"有孚惠我德"。《系辞传》各章称德者更多,盛德、至德、崇德、贤人之德、蓍之德、卦之德、神明之德,几乎成了德化的自然观和人生观。《说卦传》首章总结得好:"和顺于道德而理于义,穷理尽性以至于命。"

"履为德之基",忧患九卦之首,一切修德从实践开始,实践是检验真理最好的标准。人生在各个阶段脚踏实地奋斗,久而久之,就有了可观的履历。

"谦为德之柄","柄"指入手处,执持以应万变。谦让不争,天下莫能与之争,谦受益,天地人鬼神都福佑。

"复为德之本",木下为本,即生命根柢之意。复见天地之心,一元复始,万象更新。

"恒为德之固",坚守原则,立不易方为固。真理常道本存于天地之间,不假外求为固。

"损为德之修",惩忿窒欲,"为道日损,损之又损,以至于无为,无为而无不为"。身心不断调整修行的极境,转而获益。

"益为德之裕",为学日益,苟日新,日日新,又日新,资源充裕,心量开阔宽裕，行事顺畅，一切绰绰有余。

"困为德之辨"，疾风知劲草，板荡识忠臣，君子固穷，小人穷斯滥矣！世无艰难，何来人杰？沧海横流，方显英雄本色。困乎上者必反下，既有资源耗尽，才会深入开发新资源。

"井为德之地"，渊泉时出，纾困济民，取之不尽，用之不竭，真是太上有立德的宝地。

"巽为德之制"，灵动深入，潜移默化，因时因地制宜，逐渐化被动为主动，取得发号施令的地位，列为九德之终，大有深意在。

由九德定位的用字修辞，不难看出其依序发展的脉络：在乱世中，首先要建立适合自己发展的基地，脚踏实地地奋斗，打好事业的基础。对外尽量谦和忍让，设身处地地为对方着想，避免无谓纷争。匀出心力培元固本，探讨真理，做长期剥极而复、改变现状的准备。大本既定，面对不断变迁的形势，仍得斟酌损益，在策略上做机敏适时的调整，以开拓生存发展的空间。即使如此兢兢业业，人生还有可能阶段性受困，一旦遭遇瓶颈，得再深入研发转型。积此耗时经年的努力，终于化解忧患横逆，取得最后的胜利。

慎思明辨

第一次陈述九卦，以卦境、卦德的定位为主，以下第二次，则强调修行历程的特色。

"履，和而至"，人生实践须心平气和，调和各方冲突矛盾，才可能达成终极的最高目标。"履虎尾"而不遭反噬，冒最高的风险触碰强敌的痛点，还能履险如夷，全身而退，非和不为功。和而不同，和实生物，阴阳冲气以为和，和才能以柔克刚，进而刚柔互济，促成社会的和谐。

履为一阴五阳之卦，《象传》称："悦而应乎乾。"和其综卦小畜卦一样，懂得以小事大，善用杠杆支点，争取夹缝中生存的最高利益。坤卦讲究顺势用柔，其初六爻辞云："履霜，坚冰至。"第一个字即"履"，"坚冰至"，"和而至"，至的功夫正为坤元创造力所在，由天至地，刚柔配合无间。离卦以柔中之德，铺展人际网络，初九爻辞亦云："履错然，敬之，无咎。"坤、离皆由"履"开始，故称"履为德之基"，二卦尚柔，故云"和而至"。

"谦，尊而光"，《系辞传》的说法和《象传》完全一致。《象传》还有后文："卑而不可逾，君子之终也。"谦卑处世，过程低调，最后结果却超越众人，没有人竞争得过他，还赢得众人的尊重，光明遍照。《尚书·尧典》称述帝尧之德："允恭克让，光被四表，格于上下。"正合谦"尊而光"的表率。

"复，小而辨于物"，复见天地之心，心能辨物，慎思明辨，格物致知。一阳起于五阴之下，故名为小，内动而为众阴之主，思之思之，鬼神通之，故能明察万物。复卦初九《小象传》云："不远之复，以修身也。"一般解释是行为偏离正道不远，即能回头改过；其实就根源上说，不远即近，指的就是心。正心以修身，以彰显良知良能的创造力，故爻辞称"元吉"。

复卦六二受初九的强烈影响，深刻反省，见贤思齐，《小象传》云："以下仁也。"显示初九为核心的生机，仁心仁德的象征，且看《论语》上怎么说？

《述而》篇云："仁远乎哉？我欲仁，斯仁至矣！"《雍也》篇云："仁者己欲立而立人，己欲达而达人。能近取譬，可谓仁之方也已！"人心在身，自反即知，故云不远。《孟子·尽心》篇发挥此义，有云："万物皆备于我矣，反身而诚，乐莫大焉，强恕而行，求仁莫近焉。"卦序复之后为无妄、大畜，正是反身而诚，万物皆备于我之象。

从"小而辨于物"，发展到"万物皆备于我"，进而如《系辞传上》所称"开物成务，知周乎万物而道济天下"，可见心力的不可思议。"复为德之本"，君子务本，本立而道生，禅云明心见性，自性生万法。复卦之意蕴，真是深远无极。

"小而辨于物"，除了内视反听的心性修为外，还得讲求分析入微的思辨之术，精研万事万物之理，才不致沦寂蹈空。现存《大戴礼记·小辨》篇有云："内思毕心，曰知中，中以应实，曰知恕。"思维的功能与实事实物相应，才可能"开物成务"，篇名"小辨"，和"小而辨于物"之义理相通，撰作上应有关联。

"恒，杂而不厌"，仍在本心上立论。复的天地之心既立，往后还得长期存养，无论遭遇多复杂烦扰的情境，都如如不动，不起厌离之想。"恒"字为古版《易经》上一特殊字，不以"亘古心"，而以去掉底部一横的"一日心"取义，实有深意。此心亘古不变，高调到近乎荒诞，一日心为恒，却有务实修行的理论根据。一日包含昼夜轮替，已具阴阳幽明之义，经典中常以之为周期变化的计时单位。干蛊"先甲三日，后甲三日"；巽命"先庚三日，后庚三日"；革命"己日乃孚"；复称"七日来复"。《尚书·皋陶谟》一日二日万几；《大学》日新其德。说通透了，其实一日并不为少，每天养成习惯，念兹在兹，惕厉修行，经久自然养成恒德。

所以，孔子在《论语·里仁》篇中，才会抒发感慨："有能一日用其力于仁矣乎？我未见力不足者。"《论语·颜渊》篇中颜渊问仁，孔子回答："克己复礼为仁。一日克己复礼，天下归仁焉。"颜回"不迁怒，不贰过"，孔子以之为"不远复"的实践表率，已见于《系辞传下》第五章。后世称之为"复圣"，可见其日新之功，超迈同侪，已进入习惯成自然的恒卦境界。《论语·雍也》篇中孔子说得很清楚："回也，其心三月不违仁，其余则日月至焉而已矣。"

"三月不违仁"，其实已符合《论语·里仁》篇的设定标准："君子无终食之间违仁，造次必于是，颠沛必于是。"造次、颠沛皆人生杂扰之境，"不违仁""必于是"，即"杂而不厌"。

系辞传下 | 179

"杂而不厌"的修辞,让人想起上章的"杂而不越",之所以不厌不越,皆因中心有主。《杂卦传》释蒙卦为:"杂而著。"本心虽杂于习染,只要正确启蒙,仍能昭著光明。

"损,先难而后易",惩忿窒欲,自我减损,开始当然不容易,行之已久,嗜欲渐浅,天机渐深,也就从容和易了。

"益,长裕而不设","不设"即无心自然,全无矫揉造作。"长裕"的"长",更显修养功深,德之裕已臻稳定态,心净国土净,心宽天地宽。《论语·雍也》篇樊迟问仁,孔子回答:"仁者先难而后获,可谓仁矣。"先难而后获,先难而后易,正是积极转益。"长裕"的"长",和恒卦有关,恒、益两卦相错,本有旁通之义。益卦上九求益过度,反而招凶,其爻辞即称:"立心勿恒,凶。"《小象传》且云:"或击之,自外来也。"恒为德之固,本心具足自在。上九"立心勿恒",有了外诱之私,百般设计施为以求益,坏了"长裕而不设"的格局,遂致凶险。

"困,穷而通",穷则变,变则通,故卦辞首言"亨"。孟子论生于忧患章则云:"天将降大任于是人也,必先苦其心志,劳其筋骨……所以动心忍性,增益其所不能。人恒过,然后能改。困于心,衡于虑,而后作。"

"井,居其所而迁",遭困之后,进行深入研发,劳动改造。井卦若开发成功,进入革卦,静峙不移,就足以改变整个世界。井卦卦辞称:"改邑不改井。"《大象传》云:"劳民劝相。""困"的穷而通,即因凿井有成。"居其所而迁"的修辞,更强化了"井为德之地"的意象,又与《论语·为政》篇首章的比喻相通:"为政以德,譬如北辰居其所而众星共之。"无丧无得,似北辰星光不灭,往来井井,即"众星共之"。

"巽,称而隐",行事潜移默化,用心良苦深细,长期部署经营,终获成功,一切物事的安排,皆恰到好处。"称"有衡量轻重、精确计算,乃至毫厘不差之义。谦卦《大象传》即云:"裒多益寡,称物平施。"

下学上达

第三次陈述九卦，将其终极功效做个总结：一陈时用"之"，二陈时用"而"，三陈则用"以"字，和《大象传》"君子以"的用法相同，将既有资源做最好的运用。

"履以和行"，再次点出"和"的重要，以及"履"的实行特色。"谦以制礼"，社会规范的制定是为了弭平纷争，使不同阵营的成员能和平相处。履、谦二卦相错，有旁通之义。根据谦的原则制礼，礼制定以后，再以履的精神照章实行。"履"字本与"礼""理"义通，礼以理定，依礼而行。大壮卦《大象传》即称："君子以非礼弗履。"谦为言之兼，表述任何主张皆应兼顾各方利益和立场，以之制礼，最无偏颇。谦、豫二卦相综，谦以制礼，豫以作乐。豫卦之《大象传》故称："先王以作乐崇德。"

《论语·学而》篇有云："礼之用，和为贵；先王之道，斯为美，小大由之。"谦和处世，履以和行，相错两卦在礼上有了最佳呼应。克己复礼为仁，仁为礼乐之本，所以复卦亦与礼有关，而且探讨得更深入，为礼乐制度找到了合乎人性的根源。"复为德之本"，确实所言不虚。

"德之基"建立在"德之本"上，"履"字中含有"复"字，"尸"为做主之意，"履"其实就是"主于复"，依于仁而行礼。履卦和复卦关系之密切，亦见于乾、坤两卦爻的变化。乾卦九三爻变，为履卦，《小象传》云："反复道也。"乾代表天理，九三为人之正位，"复"为天地之心，代天行道即"履"。乾卦九三爻辞称："君子终日乾乾，夕惕若厉，无咎。"朝乾夕惕，合为一日，正合前述"日新其德"之理。坤卦初六爻变，为复卦，其爻辞称："履霜，坚冰至。""履"的目的即为"复"，行道证道，以见天地之心。

"复以自知"，和《系辞传上》首章所称"乾以易知"不同。乾知大始，纯性自然；一阳复始，有了人心人性的觉醒。《老子》有云："知人者智，自知者明。"又称："归根曰静，是谓复命，复命曰常，知常曰明。"又云：

"见小曰明。""小而辨于物",自知自见为明。"复为德之本",上承乾卦的天道,下启离卦的文明,在生命演化上,有无比关键的重要性。

"恒以一德",久历忧患,不改常度。咸、恒相综,《尚书》有《咸有一德》篇,据说为伊尹所作,篇中不断强调"一德"的重要:"惟天佑于一德……惟民归于一德。德惟一,动罔不吉;德二三,动罔不凶……终始惟一,时乃日新。"

"损以远害",节制嗜欲当然可以远离灾害。损、咸相错,用情不当易致伤害。"益以兴利",益、恒相错,根基立定,将本求利,日进无疆。恒卦重一,但又不可太执着于一,否则难以腾挪变化。其六五爻辞云:"恒其德贞,妇人吉,夫子凶。"《小象传》称:"妇人贞吉,从一而终也;夫子制义,从妇凶也。"即寓批判之义。恒卦卦辞欠元,开创力不显,处雷风动荡之时,不宜执一以自我设限。恒错为益,触类旁通,初九、九五两爻爻辞皆言元吉。损、益相综,六三"致一","三人行则损一人",六五元吉,卦辞亦称"元吉"。恒、损、益三卦卦爻的错综变化,可见"一"与"元"的不同,以及"改一为元"的具体功效。

"困以寡怨",人生难免困顿,应减少牢骚抱怨,积极转型,谋求出路。"井以辨义",已立立人,已达达人,转化一己小我的困厄,为生民造福,完全清楚公私义利之辨。《论语·宪问》篇录载孔子的话:"不怨天,不尤人,下学而上达,知我者,其天乎?""下学而上达",正是凿井汲井之象,不怨不尤,先从"困以寡怨"做起。《论语·述而》篇记冉有问伯夷、叔齐,不仕周而死,心中可曾有怨,孔子回答:"求仁而得仁,又何怨?"忧患九卦,以复的仁心仁德为本,因应不同的情境考验,展现出艰难而精彩的求仁之路。

蹇卦外险内阻,寸步难行,形势不比困卦轻松。六二《小象传》云:"王臣蹇蹇,终无尤也。"也从"寡怨"入手。六二爻变成井卦,"劳民劝相",结集群力以突破困局。

"困为德之辨","井以辨义"。人生困顿,会一蹶不振,或天蚕再变,可得慎思明辨，而复"小而辨于物"的基本功，不可或缺。

"巽以行权"，"权"有权衡、权量、权变、权势诸义，一路机敏低调行事，终于取得发号施令的主控权。忧患九卦自"履以和行"始，至"巽以行权"终，首尾呼应，层次井然。巽为风，为天命的象征，下学而上达，穷理尽性以至于命。风行草偃，化及全民，人世忧患至此，已拨乱反正矣！《论语·子罕》篇："可与共学，未可与适道；可与适道，未可与立；可与立，未可与权。""共学"相当于"履，德之基"，"适道"相当于"复，德之本"，"立"相当于"恒，德之固"，"权"则为"巽，德之制"，行权是学道的最高境界。

若以《论语·为政》篇孔子自述其为学历程来看，"十有五而志于学"为"履以和行"，"三十而立"为"恒以一德"，"四十而不惑"为"损以远害"，"五十而知天命"为"困以寡怨"，"六十而耳顺"为"井以辨义"，"七十而从心所欲不逾矩"则为"巽以行权"。

《帛书易传·易赞》中的三陈九卦，最终不是巽卦，而是涣卦。"涣德之制、涣称而隐、涣以行权"，很难解通，至少不如巽卦贴切。以卦序论，巽、兑之后为涣，风行水上、利涉大川，也有极佳的教化含义。而九卦中，仅巽为基本八卦，若改为涣，则皆无纯卦，似乎也更齐整。但无论如何，仍以今本《易传》之义理优胜，版本考据的问题，还是以俟来日。

三陈九卦，分三次切入陈述，似乎隐含天地人三才的概念。"德之基""德之本""德之地"，明确标示出现成可用的资源，属地之道。"和而至""穷而通""称而隐"，显然涉及人道的运用。"以自知""以辨义""以行权"，参悟天命的终极意义，属天道。九卦的次序以三卦一组，三组卦群也有地、人、天的发展脉络。"履"依地而行，谦、复之外卦，皆为地势坤，三卦皆言礼，讨论人际互动。"恒"为一日心、损"惩忿窒欲"不离心、益卦"有孚惠心"，三卦皆重心，落实人道修行。困、井"致命遂志"，上探天人之际。巽卦"申命行事"，天人合一，成就终极关怀。易卦六爻，兼三才而两之，初、二爻属地位，三、四爻居人位，五、上爻及天位，由下而上、终而复始的奋斗历程，似乎给了忧患九卦排序上甚佳的灵感。

第八章　唯变所适

《易》之为书也，不可远。为道也屡迁，变动不居，周流六虚，上下无常，刚柔相易，不可为典要，唯变所适。其出入以度，外内使知惧，又明于忧患与故。无有师保，如临父母。初率其辞而揆其方，既有典常。苟非其人，道不虚行。

译文：

《易》这部书切近生命生活，不可远离，其中讲述的道理总是因时因地而变迁，不会固守拘执，周遍流转于一卦六爻之间。或上升或下降，阳刚阴柔相互变易，不要当成金科玉律死守奉行，永远紧盯变化而做适宜的调整。人生出入行藏，必须遵守法度，在外在内要知所戒惧，又得明白世上的忧患与其发生的原因。虽然没有负责提携教导的师保，也像父母亲临爱顾一样知所应对。处事之初遵循卦爻辞而推度设想应变的方法，掌握了个中规律，仍得不断精进修行，不然《易》中的真理也无从体现。

诸行无常

本章起，连续三章谈"《易》之为书"，从不同的角度切入，评赞《易经》的特色。"不可远"，表示其切合人生日用，充满了实践的智慧。

"道在迩而求诸远，事在易而求诸难。"人的劣根性是爱好神秘，故弄玄虚。易学史上许多荒唐言，经不起理性的检验，就是如此。《易经》以简易立教，"易简而天下之理得"，昭昭大义，何涉虚妄？

"为道也屡迁"，此处的道，即"可与适道"之道，尚非"率性之谓道"的道，有"人之为道"的意味。《中庸》上说："道不远人；人之为道而远人，不可以为道。"意识形态、主观看法，就是"人之为道"，所以不宜固守，还得因时、因事制宜而调整。上章论忧患九卦，以善变的巽为终极境界，"巽，德之制""巽以行权"，充分说明此理。

"迁"字依《说文解字》为"登"，有向上升进之意。孟子称："出于幽谷，迁于乔木。"益卦《大象传》称迁善改过；井卦居其所而迁，下接"元亨利贞"四德俱全的革卦。屡迁不是坏事，人有主动寻求更佳环境的自由，孟母三迁即为显例。

"变动不居"，"尸"古为居，即法古、以古为主之意。《易经》尚变，不主故常。"周流六虚，上下无常，刚柔相易"，以易卦六爻模型的变化法则，仿真天道人事的兴革变迁。"六虚"即六爻，言"虚"表示暂住，任谁也无法据以为实，时势一变，都得离开。"周流"的"周"字，更有全面涵摄、循环往复之意，天道好轮回，风水轮流转。泰卦九三爻辞说得好："无平不陂，无往不复。"泰极否来，地天通泰变成天地否塞，亦转瞬间事，真正是上下无常。泰卦六爻全变为否卦，恰好也是刚柔相易。

爻变的概念，即刚柔相易，最极端的便是错卦的现象。易象所有的变化，皆可纳入四千零九十六种爻变类型来说明。上下无常，除泰极否来之外，剥极而复、晋转明夷、夬决遇姤、冥升变困、丰穷转旅、既济未济等，皆为显例。革卦更是典型的上下易位。乾卦九四"或跃在渊"，

《文言传》亦称其上下无常，而以"非为邪也"慰勉之。

既然世事变化如此难料，我们切不可拘碍执着，应永远盯紧变化，做最恰当的调整。"不可为典要，唯变所适"。大破大立，颇有粉碎一切既定章法结构、随时俱进、刹刹生新的透悟和胆识。作为一部垂教万世的经典，居然自我解构，劝人不可为典，这是何等超绝的智慧，何等开阔的心胸！

"典要"的"要"，本义是人身的腰部，引申为居中约束之意。要领、要终、要归、要求，人生在世，总是希望掌握一些简要的法则，以对未来有所控制，却往往事与愿违。"不可为典要"，彻底去除妄想，"唯变所适"才是唯一真正可行的创造之路。

恐惧修省

然而，这种大破大立的真谛，适合上等根器人领受，一般人生行事，还得谨守节度，步步为营。"出入以度"的"度"，就是分寸、分际，拿捏得恰到好处，可绝不容易。毫厘之差，可能谬以千里。节卦《象传》称"节以制度"，《大象传》以泽上有水之象，提示人"制数度，议德行"。于"度"的学问大有讲究。水位过高，有泛滥之虞，过低有枯涸之患。最好设立标尺，精密度量，以便适时调节。换言之，数度既立，还得视情况决定人的作为。"议德行"的"议"字，显示人运用时必有的弹性空间，所谓的节，乃是活节。

节卦初九"不出户庭，无咎"；九二"不出门庭"，变"凶"。一爻之差，吉凶迥异。六三"不节若，则嗟若"，六四"安节，亨"，守节为人位本分。九五"甘节，吉，往有尚"，上六"苦节，贞凶"，过度节制，反致凶险。人生立节，为的是求甘，而非自苦。率性自然之谓道，矫情苦节不可贞。

"外内使知惧"，"外内"对应出入，人生行止，总不脱离这些范畴。

知惧和惧不同，多了清明的理性思维，知惧什么呢？

震卦《大象传》云："君子以恐惧修省。"《象传》称："惊远而惧迩。"上六《小象传》且云："畏邻戒。"充满了戒慎警惧之辞。震为积极行动、承担大任之外，如此小心翼翼，所为何来？

《说卦传》称："帝出乎震……万物出乎震。"震卦《彖传》且称："出可以守宗庙社稷，以为祭主。"出入以度，震卦的特点就在出。出外主持政事，能不能经得起连续的震撼考验，始终维持主导权？修齐治平，须以诚意正心为本，行大事者会否被权势熏染，而丧失了内心的主宰？《中庸》开篇提戒慎恐惧，导出"故君子慎其独也"的结论。知惧连通内外，深度内省，操持外事均与之有关。故《大学》提慎独，强调"诚于中，形于外"。

震卦言出，巽卦言入，沉潜深入才能体悟天命之所在，低调行事，不致遭受迫害。出震入巽，皆得知惧。出入以度，一切又得适可而止，恰到好处，过火了仍会出毛病。巽卦九五贞吉，长期经营部署，终于入主江山，得了便宜切勿卖乖。否则成为上九"丧其资斧，贞凶"，能入不能出矣！震卦六五"无丧有事"，确保政权，必须谦逊收敛。否则变为上六岌岌可危的征凶之局，能出又不能入矣！

前章言巽为忧患九卦之终，可谓饱历忧患。一再深入沉潜，对天命人事皆有周悉的察识，不但了解忧患的表象，也清楚忧患发生的原因。"明于忧患与故"，知幽明之故，明于天之道而察于民之故。知其然，复知其所以然，才能吉凶与民同患，进而团结众力，与民除患。

以最痛苦的明夷卦为例，全卦充满了忧患。"鸟飞折翼"，"三日不食"，"夷于左股"，"夷于南狩"，那么忧患之故为何？显然是不明晦的上六。初登于天，后入于地，多少也指出由晋而明夷，从日出到日落的因果关联。《小象传》云："失则也。""则"为天则，率性之谓道。违逆自然去强势操作，造成全局黑暗，六四所谓的"明夷之心"，正指此爻。祸源既知，如何除患呢？九三在下揭竿起义，当然是主力。而六四"入于左腹""获明夷之心",再"于出门庭",和九三里应外合,亦厥功甚伟。六四这一入一出,就是"出入以度",和九三的呼应配合,就是"外内使知惧"。九三负除患重任,必须寻求最佳战机才出手。六四打入卧底,更得戒慎恐惧,以免破局。六二依附九三,《小象传》称:"顺以则也。"顺天则行事,以克制上六的失则,明夷才有重见光明的可能。九三得道多助,爻变成复卦,"明夷之心"成了"天地之心"。

存乎其人

"无有师保",易教强调各正性命,自昭明德,师父领过门,修行在个人,人人以自性为师,才是终极的解脱之道。"如临父母",就是如临自性,父精母血是我们生命的来源,敬慎其性,要像敬事父母一样。乾坤为父母卦,万物资始资生;复卦为小父母卦,人心人性发轫。为天地立心,为生民立命,为万世开太平,本为易教宗旨。

"初率其辞而揆其方","率"即《中庸》"率性之谓道"的"率",为因顺遵循之意。"辞"即卦爻辞,尤指爻辞,为性情的表征。《文言传》论乾卦九三,有云:"修辞立其诚,所以居业也。"诚者,天之道,诚之者,人之道,立其诚即立己诚,修辞即为立性。《系辞传下》首章且称:"圣人之情见乎辞。"易辞顺性达情,针对人生种种不同的处境,做出最深透的分析和建议。习易者由辞知其性情,即可推度设想出应变的方法。"揆其方"的"其"字,仍是自己之意,所谓自性生万法,君子务本,本立而道生。易辞并不提供一成不变的公式,而是引导人建立自我,有了独门绝活,处理事情就有既定的章法。"率其辞而揆其方",属习易揣摩的阶段。"既有典常",表示自我既立,习易有成,故称"既济"之"既"。由于典常已有个人量才适性的考虑,所以不是那块料,还不能真正实践真理。

"苟非其人，道不虚行"，本章所下的结论精辟至极。完全突破了一般因循宿命、人云亦云的业障，积极肯定独立人格自由发展的创造性。"人能弘道，非道弘人。"类似的思维在易传中处处可见。《系辞传上》末章即称："神而明之，存乎其人。"张载所谓："易为君子谋，不为小人谋。"易占教人"有是德，方应是占"，确非虚言。

本章论述，从头到尾一气呵成，"不可为典要"一句，尤为关键。"无有师保""道不虚行"，皆由其衍发而出，可称为易教之魂。《中庸》和《易经》相表里，《中庸》首章开宗明义，与本章论旨完全切合："天命之谓性，率性之谓道，修道之谓教。道也者，不可须臾离也，可离非道也。是故君子戒慎乎其所不睹，恐惧乎其所不闻。莫见乎隐，莫显乎微，故君子慎其独也。"既然道不可须臾离，《易》为弘道之书，故称"不可远"。

第九章　同功而异位

　　《易》之为书也，原始要终，以为质也。六爻相杂，唯其时物也。其初难知，其上易知，本末也。初辞拟之，卒成之终。若夫杂物撰德，辨是与非，则非其中爻不备。噫，亦要存亡吉凶，则居可知矣！知者观其象辞，则思过半矣！

　　二与四，同功而异位，其善不同。二多誉，四多惧，近也。柔之为道，不利远者。其要无咎，其用柔中也。三与五，同功而异位，三多凶，五多功，贵贱之等也。其柔危，其刚胜邪？

译文：

　　《易》这部书追溯事情的开始，并据此推断其结果，这是这门学问的本质，一卦六爻有阴有阳相互错杂，最重要的是把握其随时变动的关系。初爻爻辞模拟其情境，一旦切合，顺理成章发展到上爻，爻辞就容易了解。初爻为本，像树木的根柢，上爻为末，像树木的枝梢，有本末终始的关系。至于根据阴阳爻间杂出现的状况，以撰述其可能的际遇和表现，彻底辨别人事的是非对错，那么非研究其二、三、四、五爻的历程变化，否则必不完备。啊，一旦居中把握了存亡吉凶的规律，即使平居无事之时也能洞察事理。有智慧的人深入研究卦辞，对该卦的吉凶祸福就可有大致过半的掌握。

二爻与居君位的五爻相应，四爻上承五爻，都有辅佐配合领导者的功能，而分居上下卦不同的职位，善处的智慧不同。二爻多获美誉，四爻离君位太近，与闻机密，伴君如伴虎，得戒慎恐惧。二、四爻皆处阴柔之位，本身不宜主事，二爻离权力核心太远，可能被边缘化，这是不利之处，但离得远也不易招祸，要点是依中道行事，以保善终。三爻与五爻皆处阳刚之位，可积极主导行事，但结果往往不同。三爻多半遭凶，五爻则多建功，又是什么缘故？因为五爻君位为贵，三爻臣位为贱，等级有差，无可奈何。整体来说，居阴柔之位的二、四爻依人成事，或近而多惧，或远而无咎，都有危险；居阳刚之位的三、五爻，可直接主导局部或全部事宜，遭凶或建功，哪一方殊胜呢？

原始要终

本章谈"《易》之为书"，专论六爻结构，尤其是提出了所谓中爻的问题。卦中二、三、四、五爻依序重组，形成所谓的互卦，自古争议即多。好好研究本章，应有正本清源之效。

"原始要终，以为质也"，追溯事情的开始，并据此推断其结果，是《易经》这门学问的本质。"六爻相杂"，爻性有阴有阳，间杂出现；"唯其时物"，最重要的是把握其随时变动的关系。"要终"的"要"，和上章"典要"的"要"同义，有居中约束、要求控制之意。《系辞传上》第四章称"原始反终"，或"原始及终"。"时物"的"物"，指爻。《系辞传下》第六章称乾为阳物，坤为阴物。第十章则称"爻有等，故曰物；物相杂，故曰文。""唯其时物"，唯变所适，唯精唯一，"唯"有特殊义。万事万物皆随时流转，刹刹生新，不守其故。

"其初难知"，初爻方有端倪，不易辨识清楚。乾卦的"潜龙勿用"、坤卦的"履霜",就是最好的例子。"其上易知",上爻物势已极,天下皆可共见,"亢龙有悔"和"玄黄血战",多半不能避免。爻称"初"不称"下"、称"上"不称"终",于时位上皆有取舍考虑。初爻为本,为树木的根柢,上爻为末,为树木的枝梢,又寓有本末终始之义。大过卦初、上两爻为阴,中四爻为阳,《象传》即称:"本末弱也"。

初辞拟之,由于其初难知,所以任一卦初爻的爻辞皆有拟议的成分,希望能精确模拟其情境。"卒成之终",初爻一定,往后便顺理成章,即可一直发展到上爻。整个看来,《易经》特别重视初爻的基础含义,以及见微知著的思维训练。

以泰、否两卦为例,初爻爻辞皆云:"拔茅茹,以其汇。"拟议完全雷同,往后究竟是泰是否,非常不易判断,此即其初难知。若智者知机,看出了未来发展的趋势,做了正确的准备,如泰卦"征吉",否卦"贞吉亨",即可趋吉避凶而得利。泰否消长有其周期性的循环,泰极否来,上六"城复于隍"不难预知。否极亦转至"同人于野"的新境界,上九"倾否,先否后喜",亦意料中事。此即"其上易知""卒成之终"。

杂物撰德

初、上两爻位谈过后,往下论及中爻。"杂物撰德",根据阴阳爻间杂出现的状况,以撰述其可能的际遇和表现。"辩是与非",彻底辨别人事的是非对错;"则非其中爻不备",那么非研究其二、三、四、五爻的历程变化,否则必不完备。《系辞传下》第六章有云:"阴阳合德,而刚柔有体,以体天地之撰,以通神明之德。其称名也,杂而不越。"第二章亦称:"于是始作八卦,以通神明之德,以类万物之情。"这两段说的,就是"杂物撰德"。

中间四爻,三、四为承上启下的人位,二、五分居内外卦的中心,且五爻为全卦最高领导的君位。这四爻的关系分析清楚,最后的是非成败,存亡吉凶,便是足不出户、闭门家居都能预知。"噫"表示对中爻之妙的赞叹,"亦要存亡吉凶"的"要"字,仍是居中约束、以期最后结果之意。

中四爻再加上初、上两爻,所形成的复杂奥妙的全卦结构,其特性会反映在总括论述的卦辞中。智者深入研究卦辞,对该卦的吉凶祸福,就可大致掌握。"彖辞"非指《彖传》,《系辞传》中所称之"彖"皆指卦,"彖辞"即卦辞。"思过半"是很有意思的说法,以要求精确度较高的问题来看,例如人生成败攸关的重大危机,其实是远远不足的。换言之,若欲原始要终,除卦辞外,还得详细研究爻辞,全面掌握其变化的趋势,才可立于不败之地。

卦中以五爻为君位,居高临下,掌控最多的资源,一般皆为卦主,影响全局至巨。其他各爻,或多或少都得考虑跟它的关系,以定行止。二爻与五爻相应,四爻上承五爻,在全卦中配合行事最密切,故称"二与四,同功而异位"。"同功"是同佐"五"之功,异位指"一在野、一在朝",有分工合作的意味。"其善不同"说得好,人生任事总期有所贡献。范仲淹的《岳阳楼记》有云:"居庙堂之高则忧其民,处江湖之远则忧其君。"乾卦九四《文言传》亦称:"上下无常,非为邪也;进退无恒,非离群也。"

"二多誉",居下卦之中,颇孚民望,和五爻距离又远,不易针锋相对起冲突,亦深得五爻倚重赞扬。"四多惧",伴君如伴虎,一句"近也",道尽千古重臣心事。四距五太近,与闻机密,也可能包括人君许多不足为外人道的私行。一旦五爻出状况,四爻又最有可能取而代之。这种高度敏感的共事关系,实在险不可测。

"柔之为道","柔"指的是爻位。二与四皆为阴柔之位,本身不宜主事,最好贴近主事的君位,取得奉令执行的权柄。若离权力核心太远,则可能被边缘化,故云"不利远者"。前面说四爻近,显然远者是指二爻,既然不利，何以又称"二多誉"呢？道理也很简单：吃不到羊肉，也不沾腥膻。二爻正是因为离五爻够远，威胁不到五爻，距离产生美，也提供了安全。"其要无咎"的"要"，仍是居中约束，以保善终。"其用柔中"，二居下卦之中，做事合乎中道，善于处理人际关系。

以蛊卦为例：六五为干蛊之君，爻辞称"用誉"，显然是起用多誉的九二，利用其清望，以推行改革。九二下乘初六，拥有广大民意支持；上应六五，又蒙国君重用，却仍不能放手施为，爻辞云"不可贞"，其故安在？原来，六五本身就是彻底改革的最大障碍，九二爻辞所称"干母之蛊"，"母"即指六五。改革毕竟不同于革命，九二再有热情和魄力，也动不了根源体制，只好妥协放过。《小象传》云："得中道也。"正应了本章讲的："其要无咎，其用柔中也。"反观六四，近承六五，深识个中利害，不但不认真改革，反而假改革之名，行丰裕个人利益之实。爻辞云："裕父之蛊，往见吝。""吝"为"文""口"，逢君之恶，文过饰非，以期保住权位。六四爻变为鼎卦，可见其据位分肥的用心，六四的做法，岂非"四多惧"？

再以履卦为证：九五"夬履贞厉"，为乾纲独断之君。九四"履虎尾"，真正伴君如伴虎，小心戒慎，"愬愬终吉"。九二"履道坦坦，幽人贞吉"，完全远离风暴圈。九二爻变为无妄卦，又是"其要无咎，其用柔中"。

柔危刚胜

"三与五，同功而异位"，三、五皆处阳刚之位，可积极主导行事，但结果往往不同。三爻多半遭凶，五爻则多建功，这又是什么缘故？道理更简单了：五爻君位为贵，三爻臣位为贱，等级有差，无可奈何。三爻居下卦之巅，仍得受全卦之君五爻的督责节制，稍一逾越失职，必遭严惩。由此看来，君位对全局的影响深重，其他各爻，无论居阳居阴，为主为从，必须重视和君位的协调关系。

"其柔危，其刚胜邪"，最末二句以疑问语气表述，究竟何所指？过去的解释多半延续三、五之论，三虽多凶，五虽多功，二爻皆居主事的阳位，仍以当位称职为佳。换言之，九三、九五表现稍胜，六三、六五则有难以负荷的可能。由于各卦情势有异，并非绝对如此，所以也只提个大概的看法。这样讲，当然不会不通，但九三强于六三多半没问题，九五强于六五就见仁见智了。事实上，几个重视高层管理的卦，如临、鼎、大有、晋、升等，君位皆为六五，而非九五。临卦六五且称："知临，大君之宜，吉。"六五虚中尚贤，易激发全员的创意和参与感，不似九五刚愎自用，容易走上独裁之路，可能才是更妥适的领导统御之术。

再者，此处的刚柔若指爻性，前面论柔之为道、其用柔中时，又指的是爻位，似乎也转换得太快，至少交代不清。有没有可能，"其柔危，其刚胜"这两句，是全章有关中爻的结论，涵盖二、三、四、五爻呢？亦即刚柔仍指爻位，而非爻性？二与四居柔位，须依人成事，或近而多惧，或远而无咎，都是因为"其柔危"。三与五居刚位，可直接主导局部或全部事宜，不论遭凶或建功，总是"其刚胜"。

三多凶、五多功的实例颇多。再以履卦为例：六三为全卦唯一阴爻，却居于须积极主事的刚位上，不但不能发挥以柔履刚的特色，反而躁动惹事，遭虎噬之灾。

《小象传》称"志刚"也，所释颇切，"志刚"却缺乏刚的实力。"武人为于大君"，只是局部专业的技巧，不具备君位盱衡全局的器识，一味蛮干，当然致凶。九五就不同，当位中正，志刚力也刚，虽然不和柔，令众人敬畏也能成事。六三、九四皆称履虎尾，九五本身即猛虎，用不着摆笑脸去伺候别人。这就是贵贱之等的实力原则，或干脆称丛林法则，六三强争也没用。

同功而异位，除了强调其位异之外，也注重其功之共同。人人在其位分、性分上努力，虽然禀赋及后天际遇有异，但都有修成正果的可能。

《中庸》即称："或生而知之，或学而知之，或困而知之，及其知之一也；或安而行之，或利而行之，或勉强而行之，及其成功一也。"社会团体中，人人尽其本分，充分协调合作，也可能扭转逆势，共成大功。

例如蹇卦，内忧外患，艰险难进，三、五两爻阳刚当位，即有分头整合之功。九三"往蹇来反"，回头整合内部派系矛盾；九三爻变成比卦，谋求合作的态势明确。九五"大蹇朋来"，力拒外患；爻变成谦卦，虚怀若谷，包容异类。蹇卦《象传》称："往有功也。"正是三、五同功异位之效。

再如涣卦，全局涣散，离心离德，二、四两爻协助九五，力挽狂澜，亦属佳例。涣卦《象传》称："刚来而不穷，柔得位乎外而上同。"即分指九二、六四。至于"王假有庙，王乃在中"，则为九五。三爻各尽己责，三爻齐变为晋卦，又成旭日东升之局。《象传》遂下结论："利涉大川，乘木有功也。"

佐君治民

二与四同功而异位，传统皆以佐五而言，其实也可以换个观点，二者都在争取初爻基础民意的支持。二与初为承乘，四与初为应与关系，中央与地方的施政绩效，都得落实到初爻上来检验。如此，二者所同之功，可一言以蔽之：佐君治民而已。

以上述涣卦为例：当民心涣散之际，九二"涣奔其机"，极力奔走以安定基层。六四"涣其群"，抛弃部门本位主义，以国家整体利益为依归。"涣有丘"，"丘"即丘民，有丘即拥有民众支持，经营重点仍然落在初六。

再如鼎卦六五、九二"相应与"，九二鼎有实，六五《小象传》称"中以为实"，很明显五应重用二，以推动新政建设。但六五、九四又有阴乘阳的不正关系，可能错用无能的近臣，而疏远了九二。因此，九二爻辞才称："我仇有疾，不我能即。"怨偶曰"仇"，指六五；朝政为九四把持，称"有疾"。虽一时不得发挥，投闲置散，九二下乘初六，拥有雄厚的民意基础，也不必急着有什么突兀的政治动作。等九四破绽百出，不能胜任了，六五自会来找九二善后。九二爻辞最后称吉，九四为凶，长期竞争有了结果。九四"鼎折足"，鼎足正为初六，政绩太差，失去了基层民意的支持。

多誉、多惧、多功、多凶，既称多，就不是全都如此。例如观卦六二"窥观"，《小象传》称"亦可丑也"，即"不誉"。豫卦九四"由豫大有得"，不惧。屯卦九五《小象传》称"屯其膏，施未光"，无功。谦卦九三《小象传》称"劳谦君子，万民服"，不凶。

最后，我们来审视所谓互卦的问题。其实《易经》经传本身从未言及，本章所论中爻，亦只涉及爻位及爻际关系之比较，并无上互、下互组合方式之陈述。"杂物撰德"一语，有人认为就是指互体、互卦的操作组成，似乎亦乏充分论据。还有人认为，传文既称"六爻相杂"，便没有理由将初、上两爻排除在外。由此互卦的变化更趋复杂，一卦中可重组成五个互卦。民国初年周善培据此写成《周易杂卦证解》一书，引例回环互证，颇有义理。然而，所有这些衍化的论述，并不能直接由本章推导而出。

那么，互卦、互体的理论，是何时发展出来的呢？孔子之前有没有？汉代易学中，爻辰、纳甲、世应、飞伏、升降多种说法，均有烦琐绞绕、难以自圆其说的通病。互卦的衍义则精深奥妙得多，卦中蕴卦的观点，也合乎宇宙人生的实际，值得深入钻研，并发扬光大。"互"字造型极美，上一横代表天，下一横为地，中间所呈现的，正是上下重叠交流之象，和互卦依三、四、五，及二、三、四爻的组合方式酷似。一卦六爻的模型，上下卦间并非截然不可流通，人在大组织中再设组织，具有多重角色定位，也是情理中事。

依本章诠解，中爻应指中间四爻，有人说为居上、下卦之中的二、五爻，或居全卦之中的三、四爻，都有些说过头了。

第十章　大块文章

《易》之为书也，广大悉备。有天道焉，有人道焉，有地道焉，兼三才而两之，故六。六者非它也，三才之道也。道有变动，故曰爻；爻有等，故曰物；物相杂，故曰文。文不当，故吉凶生焉。

译文：

《易》这部书，像天地一般广大，包罗万象，含有天的道理、地的道理与人的道理。天、地、人各分阴阳，易卦遂以六画而成。初、二爻为地位，三、四爻居人位，五、上爻属天位。六画不是别的，就是天、地、人三才的道理。《易》的道理就在变化，仿效变化的就是六爻；爻分上下等次，称为物，刚柔杂处称为文；配置不恰当就产生吉凶成败。

本章三谈"《易》之为书"，以天地人三才之道论之，对易卦的六爻模型做了简要的阐述。《说卦传》次章全文："昔者圣人之作易也，将以顺性命之理。是以立天之道，曰阴与阳；立地之道，曰柔与刚；立人之道，曰仁与义。兼三才而两之，故易六画而成卦，分阴分阳，迭用柔刚，故易六位而成章。"与本章近乎同调。《系辞传上》次章亦称："六爻之动，三极之道也。"皆可并参。

"广大悉备"的"悉"字,从"心"从"采",《说文解字》解为"详尽"。如此,则"悉"为心思明辨、巨细靡遗之义。坎卦卦辞称:"有孚,维心亨,行有尚。"身处重险之境,却能心亨,和六四爻辞中"纳约自牖"有关。"牖"通内外,为采光之处,心窗明净,一丝不乱,故终获无咎。

"广大"配天地,"悉备"则涉及人心灵的妙用,反身而诚,万物皆备于我,故称有天道、人道、地道。天地人又各分阴阳,易卦遂以六画而成。初、二为地位,三、四居人位,五、上属天位。《系辞传上》第六章有云:"夫易,广矣大矣,以言乎远则不御,以言乎迩则静而正,以言乎天地之间则备矣!""静而正"即人心之用,可知悉天地之间万事万物,与本章所论全同。

"三才之道"非一成不变,而是周流六虚,随时变迁,这就是反映变动的爻的概念。《系辞传下》第三章称:"爻也者,效天下之动者也。""爻"的南方口音即念"效",效天法地,见贤思齐,将三才的变化综摄考虑。乾卦《象传》明示:"乾道变化,各正性命。"爻辞爻象除了模拟自然外,还要加上人的思维判断,提出创造性的应变方案,由于所处时位不同,表现也有上下等级的差异。爻性分阴阳,在六爻等序中交杂出现,和爻位配合起来,益增其复杂性,这种状态称为文。刚柔交错曰文,经纬天地曰文。这错综复杂的情境处理的方式不同,就会产生吉凶祸福、盛衰成败的结果。

《系辞传上》首章有云:"卑高以陈,贵贱位矣。"《系辞传下》第九章又称:"三多凶,五多功,贵贱之等也。"爻有等的观念,合乎人事组织的科层结构,以及自然演化的推陈出新。不同等级的物事会进一步发展出各自的特色,则称为品,差异化的程度更大。乾卦《象传》称"品物流形",坤卦《象传》称"品物咸亨",姤卦《象传》称"品物咸章"。天地之大,品类之众,可谓漪欤盛哉!巽卦六四云:"田获三品。"深入开发其中富藏,可使物物各尽其用,故而《小象传》称:"有功也。"

"等物"的概念,亦见于春秋笔法。《春秋繁露·精华第五》有云:

"《春秋》慎辞，谨于名伦等物者也……是故大小不逾等，贵贱如其伦，义之正也。"《盟会要第十》亦称："名伦等物，不失其理。"

《孟子》全书好几处品论先贤，以孔子和伯夷、伊尹相比较，推崇孔圣出类拔萃，超逸绝伦，即等物观点的运用。《公孙丑》篇有云："由百世之后，等百世之王，莫之能违也。"

"爻有等"，是位序品级不同，"物相杂"，则根本体性有异。自然环境及人事组织有阴有阳，刚柔杂处，就是"物相杂"，噬嗑、贲二卦充分显示其理。两卦皆三阴三阳，刚柔交错排列，噬嗑卦《彖传》称："刚柔分，动而明，雷电合而章。"为免弱肉强食及人际的酷烈斗争，必须制定规范，明罚敕法以约束之。贲卦《彖传》称："柔来而文刚，故亨；分刚上而文柔，故小利有攸往……观乎天文，以察时变；观乎人文，以化成天下。"在法治的基础上，进而讲习人文教化，使刚柔互济，阴阳和合，建立有典章制度的文明社会。

噬嗑《象传》称："颐中有物。"卦象可视为颐卦中多出了九四一爻，如鲠在喉，格格不入。依此类推，贲卦卦象亦可视为颐卦中多出了九三一爻，才显现多彩多姿的情貌。颐卦自养养人，乃至供养一切众生，必须解决饮食男女的生命需求。《杂卦传》称："噬嗑，食也；贲，无色也。"噬嗑、贲一体相综，着眼点正是食色问题。噬嗑卦九四阳居阴位，谋食不正，引发物类相残，势须整顿。贲卦九三阳居阳位，在世不染，昭显文教之功。"贲"尚"文"，"噬嗑"成"章"，宇宙人生可真是篇复杂难解的大文章，一切吉凶祸福，就看你有无正确解读及圆融处理的智慧。

第十一章　度一切苦厄

《易》之兴也，其当殷之末世、周之盛德邪？当文王与纣之事邪？是故其辞危。危者使平，易者使倾。其道甚大，百物不废。惧以终始，其要无咎，此之谓《易》之道也。

译文：

《易》道大为兴盛，大概是在殷商末年、西周德业大盛的时候吧？正当周文王姬昌与殷纣王对峙的时期吧？所以卦爻辞多有危惧警戒的意义，越知警惕越可平安度过，越掉以轻心越会失败倾覆。易道宏大，各种事物赖以存续，终而复始都保持戒惧，要旨在于改过无咎。这就是《易》之道啊！

本章以"《易》之兴也"起问，猜测易道大行和武王伐纣的革命事迹有关，与《系辞传下》第七章论忧患九卦相似。"《易》之兴"和"《易》之作"不同，创世之意和衰世之意也不可等量齐观。文王羑里之囚，确能予人启发，却不必过分强调，反而窄化了"开物成务"的思考。文辞中称"殷之末世"，尚属实情，"周之盛德"却有逢迎之嫌，周代殷而立，仍是家天下的格局，有何盛德可言？

"其辞危"一句，再度触动《易经》中紧迫的忧患意识。"危者使平"，懂得身处险境，戒慎以对，便可平安度过。"易者使倾"，粗疏狂妄，掉以轻心，多半倾覆败亡。泰卦九三逢高思危，"无平不陂，无往不复"，懂得艰贞，便能无咎。若不此之图，必蹈上六"城复于隍"之厄。大壮卦六五"丧羊于易"，旅卦上九"丧牛于易"，人世艰难若斯，不可慢易处之。

"其道甚大，百物不废"，这两句结语值得推敲："危者使平"是救苦救难，"易者使倾"却明显放弃了救援，怎么还可以说"百物不废"呢？老子自称道大，其书二十七章有云："圣人常善救人，故无弃人；常善救物，故无弃物。"四十九章亦称："善者吾善之，不善者吾亦善之，德善。"相较起来，似乎更有包容性。

我想《系辞传》此处所强调的，是"天作孽，犹可违；自作孽，不可活"。易道反映自然，每卦每爻皆如实分析情势，提出预测和建议，但结果究竟如何，还得看当事者怎么做。若虚心领会其警示，采取相应措施，就可转危为安；若傲慢一意孤行，谁也爱莫能助。需卦九三、解卦六三皆称"致寇至""自我致寇""自我致戎"，怨得谁来？旅卦上九"鸟焚其巢"、九三"旅焚其次"，《小象传》称"其义焚""其义丧"。行而宜之之谓义，旅卦尚柔，上九、九三却逞刚强，违反了旅之时义，当然厉凶。

《鬼谷子·抵巇第四》有云："巇始有朕，可抵而塞，可抵而却，可抵而息，可抵而匿，可抵而得。"事情有所缺漏，必先出现缝隙，早发现，尽快堵塞处理，可免崩溃。若实在不可挽救，干脆趁势铲除，另作新的布置。

大《易》有剥极而复之理，剥卦上九岌岌可危，君子仍可"得舆"，小人却遭"剥庐"。姤卦一阴滋生，看似毁灭危机，而天地相遇，又成"品物咸章"，除旧布新，更见天意深微。

生生灭灭，灭灭生生，危使平，易使倾，完全合乎自然之理。《系辞传上》第四章，称易道"范围天地之化而不过，曲成万物而不遗"，正是

系辞传下 | 203

本章所称"其道甚大，百物不废"。

终而复始之义既明，本章遂下了精切的结论："惧以终始，其要无咎。"戒慎恐惧，内以修省，外以行事，居中约束，以期无咎。"要"字特有深意，《系辞传下》数章中连续出现，"不可为典要""原始要终""亦要存亡吉凶""其要无咎"，等等。

"惧以终始"，为震、艮相综一体之象。震卦《大象传》称"恐惧修省"，《象传》云"惊远而惧迩"。《说卦传》则称艮卦为"万物之所成终而所成始"，又云"终万物始万物者，莫盛乎艮"。震为后天八卦方位东方之卦，启动生命的循环；艮为东北之卦，恰为绕一圈的终点。艮后又接震，成终而复始之义，能否节制私欲，妥善安排志业的永续，为盛德大业之所系。震为行，艮为止，人生行止确当惧以终始。艮卦忘己忘物，内外兼修，卦辞最后期于无咎，故又称"其要无咎"。

第十二章　险阻人生

　　夫乾，天下之至健也，德行恒易以知险；夫坤，天下之至顺也，德行恒简以知阻。能说诸心，能研诸侯之虑，定天下之吉凶，成天下之亹亹者。

　　是故变化云为，吉事有祥。象事知器，占事知来。天地设位，圣人成能。人谋鬼谋，百姓与能。

　　八卦以象告，爻彖以情言。刚柔杂居，而吉凶可见矣！变动以利言，吉凶以情迁。是故爱恶相攻而吉凶生，远近相取而悔吝生，情伪相感而利害生。凡《易》之情，近而不相得则凶，或害之，悔且吝。

　　将叛者其辞惭，中心疑者其辞枝。吉人之辞寡，躁人之辞多。诬善之人其辞游，失其守者其辞屈。

译文：

　　乾卦是天下最刚健的，表现的特性恒常平易而能知艰险之所在；坤卦是天下最柔顺的，表现的特性恒常简约而能知阻碍之所在。易简能透彻领会事理，能深思熟虑，研究该怎么做以决定天下的吉凶成败，促使天下人勤勉奋发。

　　所以在各种环境变化下，当事者该怎么说怎么做？任何言辞和事情若细心体察，都有迹可循，依此预测可早做准备。由卦爻象可创造发明制作器物，用占筮方法卜问决疑可知道未来。天地的自然环境既已形成，圣人顺势开发利用，以造就理想的人间世，除了当代人贡献的智慧外，还要参考运用古人的经验与睿智，以为全人类谋福，开放给全民积极参与。

八卦用卦形象征来表示哲理，卦爻辞描述事物的具体情态，卦中阳爻阴爻交杂分布，依据刚柔互动的状况，可推断出吉凶祸福的结果。所有的人事变动都是利益取向，吉凶成败亦因喜怒哀乐的人情而变迁，所以主观的爱憎互相攻击就造成吉凶，时空距离的远近产生悔恨或吝惜，真情或假意相感应引发利益或祸害。人之常情，朝夕相处却不投契，反添痛苦当然凶，甚至还可能互相伤害，又增悔恨或吝惜。

将要叛离心怀异志的人说话会不好意思，信念不坚定的人讲话枝蔓歧出、欠缺要点，吉人气定神闲、说话不多，浮躁的人啰啰唆唆、废话连篇，诬赖好人、恶意抹黑者缺乏证据，言辞一定闪烁游移，失去操守的人理不直气不壮，自然难以服众。

悦心研候

本章为今本《系辞传》末章，又提乾坤易简之知能，与《系辞传》首章终始相应。且其重点在于知险阻、通人情，仍延续前数章的忧患意识。结尾一段似属错简，但义理连贯上亦非绝不可通。

大《易》以变易、不易、简易立教，《系辞传》开宗明义即称："乾以易知，坤以简能。"并依次推出"易简而天下之理得，而成位乎其中"的结论。既然易简可得知天下之理，当然可知险、知阻。乾健坤顺，《说卦传》有明确定义，此处加一"至"字，亦合乎《系辞传上》第五、六、七章的说辞："盛德大业至矣哉""易简之善配至德""易其至矣乎"。以德行称乾坤，并加一"恒"字，也是"大人与天地合其德"之义。咸、恒为下经之首，乾、坤为上经之首，乾坤两卦涵摄咸恒之义，可谓理所应有。此章称"恒"，乾坤《象传》中则有"咸"：乾为"万国咸宁"，坤为"品物咸亨"。反之，咸、恒二卦亦必蕴涵乾、坤之义，《象传》中称"咸"为"天地感而万物化生"，称"恒"为"天地之道，恒久而不已也"。

八卦中，以坎喻险，以艮喻阻，组合成六十四卦，理论上至少就有四分之一的情境充满了危险和阻碍。若再考虑互卦及爻变的情形，人生不如意事，真是十之八九。

蒙卦内险外阻，启蒙不易，须"果行育德"，从摸索实践中以蕴养真知。蹇卦内阻外险，寸步难行，须"反身修德"，以号召团结的大智慧谋求出路。坎卦险关不断，九五居外险之中，又当三、四、五爻所组成艮卦之巅，有水中山、险中阻之象。形势复杂艰难，须调节资源，以谋不同势力间的动态平衡，爻辞所称"坎不盈，祗既平，无咎"，为行险有功的大气度。艮卦重重障碍，九三为内艮之巅，又居二、三、四爻所组成坎卦之中，有山中水、阻中险之象。须下整顿身心的苦功夫，才能突破瓶颈。以四爻组合成的互卦理论来看，坎九五、艮九三，皆相当于蹇卦九三、九五爻的位置，同功而异位，得内消障碍、外克艰险，压力之大，可以想见。

险阻因何而生？艮卦以止欲为义，已明白昭示：嗜欲太深为人生一切业障的根源。坎卦以习坎为旨，为坤卦习气势力的发用，易致迷惑沉沦。欲化解险阻，必须回复乾卦自然易简的本性，嗜欲浅则天机深，故称"恒易以知险"，"恒简以知阻"。

需卦健行遇险，《象传》称："刚健而不陷，其义不困穷矣！"初九爻辞云："利用恒，无咎。"《小象传》解释："未失常也。"可谓至健恒易以知险的范例。剥卦上艮下坤，《象传》称："顺而止之，观象也。"六五爻辞云："贯鱼以宫人宠，无不利。"《小象传》解释："终无尤也。"也是"至顺""恒简以知阻"的典型。

易简之德，知能具备，知险知阻后，接着谈"能"。"能说诸心"，"说"

即"悦",对事理领会透彻,《孟子·告子》篇有云:"心之所同然者,何也?谓理也,义也。圣人先得我心之所同然耳,故理义之悦我心,犹刍豢之悦我口。""说诸心"为兑卦的境界,君子以朋友讲习,法喜充满,学而时习之,不亦悦乎!

"能研诸侯之虑",明显有衍文。以行文对仗考虑,"侯之"二字为衍,原文应为"能研诸虑",如此文意非常清楚。"说诸心"之后,就得进一步研究考虑该怎么做,所以下文为"定天下之吉凶,成天下之亹亹者"。此二句已见于《系辞传上》第十一章,其前文为"探赜索隐,钩深致远",后文以"莫大乎蓍龟"的赞叹作结。"赜"是复杂幽深,"亹亹"为奋发勤勉之状。人生行事,一旦看清了形势,必然深思熟虑,决定对策,付诸行动,吉凶成败便依此而定。

问题是,"侯之"二字因何而衍呢?错误也该有致错的逻辑,而"侯之"之衍不易说得通。另一种改法有没有可能?原文为"能研诸侯","之虑"二字为旁注窜入本文。"诸"为之、乎连音,"侯"通"候",农历中的七十二候,每五天的气候、地貌、动植物生态,均有差异变化。人的工作、生活,也应随周遭环境的变化而做调整。"候"有征候、时候、气候、火候、等候之意,当然要刻意留心,好好研究。屯卦"利建侯"、豫卦"利建侯行师"、比卦"建万国亲诸侯"、晋卦"康侯用锡马蕃庶,昼日三接",乃至渐卦的候鸟鸿雁,群行以序,往来以时,皆与研候、占候有关。"诸"字也有众多之意,"说诸心",众人皆有会心,"研诸侯",共同分析各种征候,而形成集体综合的判断。这种改法合情合理,可能意境更高一筹。

无论是"研诸虑"或"研诸侯",加上"说诸心",都是对人生险阻的警惕及反映,而之所以能趋吉避凶,仍要归功于乾易坤简的大能。《系辞传上》第十章有云:"夫《易》,圣人之所以极深而研几也。唯深也,故能通天下之志;唯几也,故能成天下之务。"第十一章亦称:"是故,圣人以通天下之志,以定天下之业,以断天下之疑。"和本段所阐发的义理完全相通。

参赞化育

《系辞传上》的相关论述，结尾总不免归之于卜筮，并极力称扬其慎谋能断的神妙功能。本章也不例外，往下以"是故"二字转接，一连八句四言，给《易经》之为用下达结论，仔细品读，精义无穷。

"变化云为"，在自然及人为环境的变动下，当事者该怎么说、怎么做？"吉事有祥"，"吉"字可能有误，有人说应为"言"字，形似而误。"言事有祥"，"言"即"云""事"即"为"，"祥"为征兆，任何言辞和事情若细心体察，都有迹可循，依此预测可早做准备。下文云"象事知器，占事知来"，实即制器尚象和占卜预测之事，在《系辞传上》数章中，及《系辞传下》第二章，已有充分陈述。《系辞传上》第十章曾称："《易》有圣人之道四焉：以言者尚其辞，以动者尚其变，以制器者尚其象，以卜筮者尚其占。"言、动、象、占的分类，和本章"言事有祥""象事知器""占事知来"的说法如出一辙。

如果依原文为"吉事有祥"，好事情都有先兆，应该也包括坏事亦有恶兆，提吉不言凶，属于积极面的思考。只要看出败坏的趋势，就得早做防范化解，逢凶变吉，遇难成祥，自亦可能。《系辞传下》第五章，载述孔子对豫卦六二的评述："知几其神乎！……几者动之微，吉之先见者也。君子见几而作，不俟终日。"称"吉之先见"为"几"，而不言凶，与此类似。

"祥"字一般解为福善，若统言之则灾亦称作祥，且有事前征兆之意。《中庸》有云："至诚之道，可以前知。国家将兴，必有祯祥；国家将亡，必有妖孽。见乎蓍龟，动乎四体。祸福将至，善，必先知之；不善，必先知之。故至诚如神。"这是最有名的一段论述，《中庸》与大《易》相表里，真是处处可见。"祥"有时又为"详"字之假借，有详细审察之义。履卦敦笃实践，上九爻辞称："视履考祥，其旋元吉。"回头检验一生的得失祸福、善与不善，务期全盘审视，真实面对，必可启迪后人。上九爻变成兑卦，朋友讲习，不亦悦乎！大壮卦血气方刚，难以"非礼弗履"，上六"羝羊触藩"，陷入进退两难之境，《小象传》亦云："不详也。"年轻虑事不够周详，罹此灾咎，得速谋补救才有生机。大壮卦有大兑之象，兑为羊，羝羊、丧羊、不详、考祥，皆与羊的意象有关。

"天地设位"，自然环境究竟因何而生，又如何形成现今的风貌，已很难完全追溯。反正既已如此，我们就要顺势开发利用，尽己之性、尽人之性、尽物之性，以造就最理想的人间世界，这就是"圣人成能"。在参赞化育的过程中，除了当代人须贡献智慧外，还要参考运用古人的经验与睿智。"鬼谋"一词用得精彩，人之所以为万物之灵，即在肉身陨灭后，仍能以心智的力量继续发挥无远弗届的影响。二帝三王、诸子百家是鬼谋，整部《易经》是鬼谋，东方文化、西方文化的精粹思想全是鬼谋。大畜卦《大象传》称："君子以多识前言往行，以畜其德。"正是人谋鬼谋的完美体现。

所有这些精思实践的盛德大业，皆为全人类谋福，并不限于大思想家和大行动家，而是开放给所有人积极参与的，这就是"百姓与能"。《系辞传上》第五章："百姓日用而不知。"第十一章："吉凶与民同患……利用出入，民咸用之谓之神。"十二章："推而行之谓之通，举而措之天下之民谓之事业。"圣人成能，百姓与能，《礼运·大同》篇所谓："货恶其弃于地也，不必藏于己；力恶其不出于身也，不必为己。"多美好和谐的人间世界！

"与"字有朋类相亲、共举分享、互助合作之义，《易传》中极重视此字，处处宣扬强调。咸卦《彖传》称："二气感应以相与。"少男少女相慕，遂成此有情世界。艮卦《彖传》则云："上下敌应，不相与也。"人生偏多险阻。前面说"大畜"是人谋鬼谋的体现，其综卦无妄卦，则正好落实了"圣人成能""百姓与能"的理想，其《大象传》称："天下雷行，物与无妄，先王以茂对时，育万物。"

本章前段由"易简以知险阻"起论，经"能说诸心""能研诸侯"，至"圣人成能""百姓与能",叙理层次井然,恰恰印证了《系辞传上》首章的宗旨:"乾以易知,坤以简能","易简而天下之理得,而成位乎其中矣"!

"天地设位",既称"设",就表示尚未完全确定,还有人力参赞造化的空间,这和《说卦传》天地定位的说法,意境大不同。《系辞传》作者的见识甚高,极可能就是师承孔子的理念。《系辞传上》第七章亦云:"天地设位,而易行乎其中矣。"该章前面,即以"子曰:易其至矣乎"起论。

顺性纯情

人生险阻既由情欲而生,本章后段便扣准人情立论,以落实因情悟性、顺性纯情的易简法门。

"八卦以象告",乾、坎、艮、震、巽、离、坤、兑各具自然之象,交织成六十四卦、三百八十四爻之后,呈现出形形色色、错综复杂的事理人情。同卦中阴爻、阳爻交杂分布,依据其刚柔互动的情状,便可推断出吉凶祸福的结果。《系辞传下》后几章屡言"杂"字,杂而不越、杂而不厌、六爻相杂、杂物撰德、物相杂,以及本段的"刚柔杂居"。"杂"即不纯不一,繁复难理,而本章以易简立宗,无私无我,足可化繁为简,以简御繁。

"变动以利言",一语道破人事变化之因。人是趋时逐利而动的,如果不利,是判断错误,绝不会故意违利而行。《孙子兵法·军争》篇有云:"兵以诈立,以利动,以分合为变者也。"《火攻》篇亦称:"非利不动……合于利而动,不合于利而止。"坦白干脆,没有半点虚矫。《易经》处处言"利","元亨利贞"为天则,"利"居其一,"利有攸往""利涉大川""利见大人""利御寇不利为寇""无不利""无攸利""利西南不利东北"……无论情境怎么变,"利"字永远是最基本的考虑。

"吉凶以情迁",直指人情为得失成败的根源,喜怒哀惧爱恶欲,无时无刻不左右着人生的种种决定,情一旦有了变化,吉凶祸福往往也跟着逆转。爱之欲其生,恶之欲其死,确为人之常情;爱而知其恶,恶而知其美,实乃圣贤高标。

《易》中论情之卦,莫过于咸、恒、萃、兑,前三卦的《象传》末皆称"天地万物之情可见"。咸、恒为下经之首,启动人间世的一切变化,由慕少艾到白首偕老,感情正常而稳定。萃卦之前为姤卦,之后为升卦,激情浓烈而动荡,充满了颠覆性和梦幻泡影的氛围。咸、萃二卦之外卦皆为兑卦,两情相悦,自然流露,情之所系,可忘劳忘死。此四大情卦,卦辞皆有亨利贞,独欠元德,与蒙卦同级。换言之,感情易蒙蔽理智,而影响到生命的原创性。

大壮卦二阴四阳,有大兑之象,《象传》亦称"天地之情可见"。卦辞仅言"利贞","元亨"二字皆不见。《大象传》云:"非礼弗履。"《杂卦传》称"大壮则止",全是戒慎之辞。咸卦二至上爻、恒卦初至五爻、萃卦三至上爻、兑卦三至上爻,所组成的互卦皆为大过卦。"大过"为非常情色、充满颠倒梦想之卦,偶一不慎,即致倾覆。

以上所称的情卦,卦辞尚称"亨利贞",整体说来还相当不错。然而,一旦进入六爻的内部世界,爻辞几无一善者,尽是凶悔吝厉之辞,哭哭笑笑、担惊受怕、长吁短叹,情怀动荡不止。可见人情互动起来,很难自全,绝不像看上去那样花好月圆。

在情、利二字当头的影响下,往下以"是故"导出的感慨或结论,就不那么令人意外了。"爱恶相攻而吉凶生,远近相取而悔吝生,情伪相感而利害生",真是吉凶悔吝生乎动,动辄得咎。难怪萃卦精英相聚,惊才绝艳,六爻爻辞却只求"无咎"。艮卦看破世情,老僧入定,"不获其身","不见其人",终获"无咎"。

"爱恶相攻"是主观情绪,"远近相取"为时空距离,"情伪相感"则从根本上质疑情感的真诚。人生往往为了一时激情相互攻取,弄得遍体鳞伤，结果时过境迁，又觉如幻如化。爱恶的杀伤力大，尘埃落定后生出吉凶。远近恪于形势，争取的过程中有了悔吝。若虚情假意、自欺欺人，还会引发无穷的祸害。

同人卦五阳一阴，六二为众所觊觎，竞相争取。九五与之中正相应，本为绝配；九三与之邻近，颇思横刀夺爱；九四夹处其间，也想占此便宜。结果一场紧张而不精彩的风波过后，钩心斗角，各自收兵。九四爻辞称"弗克攻"；九三"伏戎于莽……三岁不兴"；九五"大师克相遇"。此即典型的爱恶相攻，远近相取。

姤卦亦五阳一阴，初六"羸豕孚蹢躅"，野性情欲饥渴难耐。九二近水楼台"包有鱼"，九四相距过远"包无鱼"，九三夹处其间，坐立难安，进退失宜，又是一场惊心动魄的生死相争。

随卦长男随少女，动而悦，随和亲近。九五爻辞云："孚于嘉，吉。""孚"为至诚爱信，"嘉"为双方欢喜，真情挚意而致吉。兑卦九五受上六诱引，情欲失正，爻辞云："孚于剥，有厉。"爻变成归妹卦，征凶，无攸利。"孚于嘉"，是"以情相感而生利"；孚于剥，为"以伪相感而生害"。

"凡《易》之情"，平凡平易之情，亦即人之常情，不唱高调，不讲超凡入圣之情，这种务实的态度很值得注意。"近而不相得"，朝夕相处却不投契，难以相得益彰，反添无限痛苦。当然凶，甚至还可能互相迫害，又增悔吝。人情因爱生恨的可怕，益卦上九讲得很清楚："莫益之，或击之。立心勿恒，凶。"

睽卦二女同居，其志不同行，一家人搞得同床异梦，甚至反目成仇。革卦二女同居，其志不相得，忍让不了遂激发剧变。山泽通气为咸，少男少女相互吸引；雷风相薄为恒，长男长女日起勃豀。二多誉，五多功，飞龙跃龙竟成死敌。茫茫尘世，人情确实如此，有志君子能不省思？

《系辞传》二十四章，至此已可画上句号，融会贯通，精思力践，可俟后之贤者。最末六句应属错简，若非不伦不类，也是画蛇添足。

"将叛者其辞惭",心怀异志者说话会不好意思。"中心疑者其辞枝",信念不坚定,讲话就枝蔓歧出,欠缺要点。"吉人之辞寡",吉人自有天相,天何言哉？四时行焉,百物生焉,为政为道皆不在多言。"躁人之辞多",飞扬浮躁,言多必失。"诬善之人其辞游",诬赖好人,恶意抹黑者缺乏证据,言辞必定闪烁游移。"失其守者其辞屈",理不直气不壮,自然难以服众。

这些都是人心险恶、人情诡诈、由内而见诸外的一些征兆,和本章知险阻、通人情的主旨并不相违。若要防范上述爱恶相攻、情伪相感所致的祸害,都得修炼用世功夫。《系辞传上》末章称:"鼓天下之动者存乎辞",且以"默而成之,不言而信,存乎德行"作结。《系辞传下》首章又云:"圣人之情见乎辞。"本段文字皆可与之呼应。

《孟子·公孙丑》篇:"'何谓知言？'曰:'诐辞知其所蔽,淫辞知其所陷,邪辞知其所离,遁辞知其所穷。生于其心,害于其政；发于其政,害于其事。圣人复起,必从吾言矣！'"整段义理,大可与本章相参。